Grundlagen der Python-Programmierung

Yavuz Can

Grundlagen der Python-Programmierung

Einfacher Einstieg für Anfänger und Quereinsteiger - mit Aufgaben und Lösungsbeispielen

Yavuz Can ⓘ
Erlangen, Bayern, Deutschland

ISBN 978-3-658-51436-5   ISBN 978-3-658-51437-2 (eBook)
https://doi.org/10.1007/978-3-658-51437-2

Die Deutsche Nationalbibliothek verzeichnet diese Publikation in der Deutschen Nationalbibliografie;
detaillierte bibliografische Daten sind im Internet über https://portal.dnb.de abrufbar.

Geleitwort

Dieses Buch soll den Programmieranfängern den Einstieg in die Programmiersprache Python erleichtern. Nach Beendigung des letzten Kapitels sollte das Programmieren in Python möglich sein. Im Laufe eines Python-Kurses, den ich während meiner Selbstständigkeit gegeben habe, habe ich den Inhalt meinen Kenntnissen und Erfahrungen entsprechend zusammengestellt. Während des Kurses konnte ich die positive Entwicklung der Teilnehmer gut beobachten, sodass ich beschlossen habe, ein Buch für das Erlernen der Programmiersprache Python zu schreiben.

Das Buch besteht aus drei Teilen und enthält die nötigsten Grundlagen für den Eintritt in die Python-Welt. Im ersten Teil wird die Theorie zu den einzelnen Kapiteln erläutert. Im zweiten Teil gibt es zu jedem Kapitel aus Teil 1 Übungsaufgaben. Die dazugehörigen Lösungen sind anschließend im dritten Teil des Buches aufgeführt.

An dieser Stelle danke ich dem Allwissenden für die mir gegebene Kraft, die Geduld und das Aushaltevermögen, diese Literatur fertigstellen zu dürfen und wünsche den Lesern ein erfolgreiches Erlernen der Programmiersprache Python.

Erlangen, Januar 2026   *Dr. Yavuz Can*

Interessenskonflikt Der Autor hat keine relevanten Interessenskonflikte im Zusammenhang mit dieser Publikation.

Inhaltsverzeichnis

1   Grundlagen in Python 1
  1.1   Konzept von Python 1
      1.1.1   Vorteile und Nachteile von Python 2
      1.1.2   Was ist Programmieren? 3
      1.1.3   Ausführung von Python-Programmen 4
      1.1.4   Python installieren 5
      1.1.5   Zen of Python 6
  1.2   Erste Schritte in Python 7
      1.2.1   Rechnen mit Zahlen 7
      1.2.2   Einsatz von Variablen 8
      1.2.3   Zahlensysteme 10
      1.2.4   Shortcut-Operatoren 11
      1.2.5   Vergleichsoperatoren 12
      1.2.6   Verschiebeoperatoren 13
      1.2.7   Logische Operatoren 13
      1.2.8   Bruchrechnen 14
  1.3   IDE-Spyder-Installation 14
      1.3.1   Ausgabe- und Eingabebefehl 14
      1.3.2   Formatierung: Format-Codes 15
      1.3.3   Erste einfache Programme 17

2   Zeichenketten 19
  2.1   Grundlagen von Zeichenketten 19
      2.1.1   Anführungszeichen 19
      2.1.2   Escape Charakters – Steuerzeichen 20
  2.2   Operationen auf Zeichenketten 21
      2.2.1   Zeichenkette und Index 21
      2.2.2   Slicing innerhalb Zeichenketten 21
      2.2.3   Variablen innerhalb Zeichenketten – (f-Strings) 22
      2.2.4   Methoden zur Verarbeitung von Zeichenketten 23

3   Zahlen – mathematische Funktionen 29
  3.1   Numerische Datentypen 29
       3.1.1   Methode: *abs*() 30
       3.1.2   Methode: *round*() 30
       3.1.3   Methode: *max*() und *min*() 30
       3.1.4   Methode: *sum*() 31
       3.1.5   Methode: *zip*() 31
  3.2   Modul *random* 31
       3.2.1   Methode: *random*() 32
       3.2.2   Methode: *choice*() 32
       3.2.3   Methode: *randrange*() 33
       3.2.4   Methode: *seed*() 33
       3.2.5   Methode: *shuffle*() 33
       3.2.6   Methode: *uniform*() 34
       3.2.7   Methode: *randint*() 34

4   Strukturierte Daten 35
  4.1   Listen 35
       4.1.1   Listen und Index 36
       4.1.2   Slicing von Listen 38
       4.1.3   Elemente einer Liste ausgeben 38
       4.1.4   Übersicht der Methoden für Listen 39
       4.1.5   Operationen mit Listen 42
       4.1.6   Listennotation 43
       4.1.7   Matrizen 44
  4.2   Tupel 45
       4.2.1   Tupel ändern 46
       4.2.2   Zugriff auf Tupel-Inhalt 46
       4.2.3   Übersicht der Methoden für Tupel 47
  4.3   Dictionary (Wörterbuch) 48
       4.3.1   Zugriff auf Dictionary 48
       4.3.2   Übersicht der Methoden für Dictionary 50
       4.3.3   Dictionary und *for*-Schleife 52
       4.3.4   Anwendungsbeispiel 55
  4.4   Set (Mengen) 56
       4.4.1   Mengenoperation mit Sets 56
       4.4.2   Übersicht der Methoden für Tupel 58

5   Verzweigungen, Schleifen und Control Statements 61
  5.1   Verzweigungen 61
       5.1.1   Einfache *if*-Bedingung 61
       5.1.2   *if-else*-Bedingungen 63
       5.1.3   *if-elif-else*-Bedingung 64
       5.1.4   Verschachtelte *if*-Anweisungen 65
  5.2   Schleifen 66
       5.2.1   *while*-Schleife 67

5.2.2 *while-else*-Anweisung 69
5.2.3 *for*-Schleife 70
5.2.4 *for*-Schleife und *range()* 71
5.2.5 *for*-Schleife mit *if*-Anweisung 72
5.2.6 *for*-Schleife und *enumarate()* 72
5.2.7 Verschachtelte *for*-Schleifen 73
5.3 Control Statements 73
 5.3.1 Control Statement: *break* 74
 5.3.2 Control Statement: *continue* 75
 5.3.3 Statement: *pass* 77

6 Funktionen 79
6.1 Grundlagen von Funktionen 79
 6.1.1 Aufbau und Eigenschaften 80
 6.1.2 Funktionen mit mehreren Parametern 81
 6.1.3 Parameter mit Standardwert 82
6.2 Funktion mit Rückgabewert 82
6.3 Funktionen beliebiger Anzahl an Argumenten 84
 6.3.1 Unbekannte Anzahl an Argumenten **args* 84
 6.3.2 Beliebige Anzahl von Schlüsselwortargumenten ***kwargs* 84
6.4 Lokale und globale Variablen 85
 6.4.1 Lokale Variable 85
 6.4.2 Globale Variable 86
6.5 Verkettete und verschachtelte Funktionen 87
 6.5.1 Verkettung von Funktionen 87
 6.5.2 Verschachtelte Funktionen 87
 6.5.3 Funktionen als Argument von Funktionen 88
6.6 Rekursive und Lambda-Funktionen 88
 6.6.1 Rekursive Funktionen 88
 6.6.2 Lambda-Funktionen 89
6.7 Module 90

7 Fehlerbehandlung 91
7.1 Einfache Fehlerbehandlung: *try-except* 92
 7.1.1 Fehlerbehebung: *ZeroDivisionError* 93
 7.1.2 Fehlerbehebung: *IndexError* 94
 7.1.3 Mehrfache *excepts* 94
7.2 Fehlerbehandlung: *try-except-else* 94
7.3 Fehlerbehandlung: *try-except-else-finally* 95
7.4 Fehlerbehandlung beim Dateizugriff 96
 7.4.1 Das *with*-Statement 96
 7.4.2 Fehlerbehebung: *FileNotFoundError* 97
 7.4.3 Fehlerbehebung: *IOError* 97
7.5 Spezielle Fehlerauslösung mit *raise* 98

8 Objektorientierte Programmierung OPP 99
  8.1 Klassen 99
    8.1.1 Basteln einer Klasse $Wolf()$ 100
    8.1.2 Konstruktor $\_\_init\_\_$ 101
    8.1.3 Methoden erstellen 102
  8.2 Mit Klassen und Instanzen arbeiten 103
    8.2.1 Erstellen einer Klasse $Auto$ 103
    8.2.2 Attributwert bearbeiten 104
    8.2.3 Vererbung 105
    8.2.4 Klassen unterteilen 107
    8.2.5 Klassen importieren 109

9 Datei lesen, beschreiben und erstellen 111
  9.1 Datei öffnen mit $open()$ 111
  9.2 Methodenübersicht 113
    9.2.1 Datei schließen mit $close()$ 113
    9.2.2 Datei lesen mit $read()$ 113
    9.2.3 Datei auslesen mit $readline()$ 113
    9.2.4 Datei auslesen mit $readlines()$ 114
    9.2.5 Datei bearbeiten mit $truncate()$ 114
    9.2.6 Datei beschreiben mit write() 115
    9.2.7 Datei beschreiben mit $writelines()$ 115
    9.2.8 Textposition mit $tell()$ 116
    9.2.9 Datei öffnen mit $with$-Statement 116
  9.3 CSV-Dateien behandeln 117
    9.3.1 CSV-Dateien auslesen 117
    9.3.2 CSV-Dateien beschreiben 118
  9.4 Modul os 119
    9.4.1 Datei umbenennen mit $rename()$ 119
    9.4.2 Datei löschen mit $remove()$ 119
    9.4.3 Ordner erzeugen mit $mkdir()$ 119
    9.4.4 Aktuelles Verzeichnis mit $getcwd()$ 120
    9.4.5 Verzeichnis löschen mit $rmdir()$ 120

10 Learning by Doing 121
  10.1 Erste Schritte 121
  10.2 Zeichenketten 125
  10.3 Mathematische Funktionen 126
  10.4 Strukturierte Daten 127
    10.4.1 Listen 1 127
    10.4.2 Listen 2 129
    10.4.3 Dictionary 130
  10.5 Verzweigungen und Schleifen 133
    10.5.1 if-Verzweigung 133
    10.5.2 $while$-Schleifen 135
    10.5.3 for-Schleifen 137

    10.5.4 Mischaufgaben 139
10.6 Funktionen 141
10.7 Funktionen 2 143
10.8 Fehlerbehebung 145
10.9 Klassen 146
10.10 Datei Lesen und Schreiben 147

11   Lösungen: Learning by Doing 149
11.1 Erste Schritte 149
11.2 Zeichenketten 153
11.3 Mathematische Funktionen 155
11.4 Strukturierte Daten 157
    11.4.1 Listen 1 157
    11.4.2 Listen 2 160
    11.4.3 Dictionary 162
11.5 Verzweigungen und Schleifen 167
    11.5.1 *if*-Verzweigung 167
    11.5.2 *while*-Schleifen 169
    11.5.3 *for*-Schleifen 170
    11.5.4 Mischaufgaben 171
11.6 Funktionen 177
11.7 Funktionen 2 181
11.8 Fehlerbehebung 184
11.9 Klassen 186
11.10 Datei Lesen und Schreiben 189

Kapitel 1
Grundlagen in Python

Python, eine vielseitige und benutzerfreundliche Programmiersprache, zeichnet sich durch ihre klare Syntax und umfangreiche Standardbibliothek aus, die den Einstieg in die Programmierung erleichtern. In diesem Kapitel werden die grundlegenden Konzepte und Werkzeuge von Python behandelt, von der Installation und ersten Schritten in der Entwicklungsumgebung bis hin zu elementaren Programmiertechniken wie Variablenverwendung, Operatoren und einfachen Programmen. Ziel ist es, ein solides Verständnis für die Sprache und ihre Anwendungsmöglichkeiten aufzubauen, um später komplexere Projekte effizient umsetzen zu können.

1.1 Konzept von Python

Der Name *Python* hat keinen Bezug zu der Schlangenart aus der Natur. Diese Bezeichnung hat sich der Entwickler *Guido van Rossum* aus Amsterdam 1991 auf Grund seiner Vorliebe für die humoristische Gruppe *Monty Python's Flying Circus* aus den Vereinigtem Königreich einfallen lassen. Ziel seiner Entwicklung war es, eine Programmiersprache mit den Eigenschaften der Einfachheit und Übersichtlichkeit zu entwickeln.

Python beinhaltet viele Standardbibliotheken, die mit der Installation bereits genutzt werden können. Jedoch müssen Module aus diesen Standardbibliotheken aktiviert werden. Dieser Vorgang wird unter dem Kapitel "Module" näher erläutert. Darüber hinaus können unterschiedliche weitere benötigte Module mittels einem einfachen Installationsvorgang aktiviert werden.

Die aktuell eingesetzte Version ist Python 3. Bereits implementierte Codes, die in Python 2 erstellt wurden, können in der aktuellen Version Python 3 zum Teil nicht fehlerfrei ausgeführt werden. Änderungen, die mit der Neuversionierung durchgeführt wurden, betreffen in den meisten Fällen die in einem Modul verwendeten Methoden. Dabei hat sich entweder die Schreibweise geändert, wie z.B. das Modul Tkinter aus Python 2 nun tkinter in Python 3 geschrieben wird, oder es wurden neuere Methoden zu

© Der/die Autor(en), exklusiv lizenziert an
Springer Fachmedien Wiesbaden GmbH, ein Teil von Springer Nature 2026
Y. Can, *Grundlagen der Python-Programmierung*,
https://doi.org/10.1007/978-3-658-51437-2_1

den jeweiligen Modulen eingeführt. Diese können zwar als kleine Änderungen gesehen werden, jedoch hat dies trotzdem Auswirkungen auf alte Codes. Nichtsdestotrotz können diese Codes durch entsprechendeAnpassungen in Python 3 wieder verwendet werden.

1.1.1 Vorteile und Nachteile von Python

Python hat gegenüber anderen Programmiersprachen unzählige Vorteile. Python ist eine freie Software und ist zudem plattformunabhängig, d.h. Python kann auf jedem Betriebssystem ausgeführt werden. Auch die aktive Python-Community ist sehr groß. Dies hat den Vorteil, dass in kurzen Intervallen neue Module entwickelt und zur Installation zur Verfügung gestellt werden. Zudem werden bereits vorhandene Module zeitweise optimiert und müssen daher auch aktualisiert werden.

Python-Code ist gut lesbar. Der Syntax ist nicht sehr kompliziert aufgestellt. Darüber hinaus unterstützt Python das objektorientierte Programmieren durch die Definition von Klassen. Des Weiteren können unzählige Bibliotheken bzw. Module nachinstalliert werden. Es existieren eine große Anzahl an Modulen, wie z.B. *numpy, pandas, nltk, bpmn, matplotlib, tkinter*. Das Modul *numpy* wird für numerische Bearbeitung angewendet. Für Data Scientisten sind *numpy* und *pandas* die beiden wichtigen Module. Mit *nltk* kann man Textanalyse durchführen. Das Modul *matplotlib* ist für die Erstellung von Diagrammen und Graphen geeignet, wird also für die Datenvisualisierung genutzt. Mit Hilfe des *tkinter*-Moduls können einfache GUI-Anwendungen programmiert werden. Das Modul *bpmn* wird zur Modellierung von Prozessen eingesetzt. Darüber hinaus existieren noch viele weitere sehr interessante Module für unterschiedlichste Anwendungen.

Im Internet lassen sich viele Dokumentationen zu den Modulen finden, auch sind gewisse Cheat-Sheets hinterlegt, die als eine Art Kurzzusammenfassung der jeweiligen Module einen Überblick über die wichtigsten Funktionen schaffen.

Mit Python besteht auch die Möglichkeit, eine gute Datenbankschnittstelle zu implementieren, in der dann z.B. mit der Sprache SQL gearbeitet werden kann. Die dabei angewandten Module können unter anderem *pymysql, sqlite3* und noch andere sein.

Ein Nachteil von Python ist seine Ausführungsgeschwindigkeit, sodass Python nicht unbedingt im hardwarenahen Programmieren wie dem Mikrocontroller oder auch den eingebetteten Systemen eingesetzt werden sollte, weil hier der Aspekt der Echtzeit-Umsetzung von enormer Bedeutung sein kann.

1.1.2 Was ist Programmieren?

> **Definition**

Programmierung bezeichnet die Aktivität, Computerprogramme (Algorithmen) zu erstellen. Programmierung gehört zum Bereich der Softwareentwicklung.

Programmieren ist die Umsetzung einer Idee, die software-technisch gelöst werden soll. Von der Idee bis zur Umsetzung eines Programmcodes werden mehrere Schritte durchlaufen, so wie in Abbildung 1.1 dargestellt, gegebenenfalls auch wiederholend. Zunächst einmal erfolgt eine Problemanalyse, bei der erst die Anforderungen, auch als Requirements bezeichnet, wie z.B. die Fragestellungen: *"Was ist zu tun?"* oder *"Welche Bedingungen existieren?"* herausgearbeitet werden. Anschließend erfolgt die Auswahl der Algorithmen. Entweder werden bereits vorhandene Algorithmen in die Programmiersprache implementiert oder neue Algorithmen geschaffen und als Programmcode umgesetzt. Dabei ist auf eine gute Dokumentation des Codes zu achten. Eine gute Dokumentation wird auch dadurch erreicht, wenn einzelne Ausführungen bzw. definierte Funktionen durch Kommentare bezeichnet oder mit einigen Informationen für andere Programmierer verständlich gemacht werden. Eine Dokumentation ist für eine Wiederverwendung und gute Lesbarkeit notwendig. Danach erfolgt die Ausführung des Programms, in der das Resultat aus bestimmten Daten und dem Code als Ausgabe am Monitor visualisiert wird. Mit der Visualisierung erfolgt zeitgleich das Testen auf Korrektheit, ob eine erwartete Lösung auch am Ende der Ausführung ausgegeben wird. Zuletzt darf der gesamte Code überprüft werden, ob gewisse Anteile eventuell zusammengefasst werden können, um die Effizienz des Programmcodes zu erhöhen. Das Testen bzw. die Berechnung der Effizienz ist eine Thematik für fortgeschrittene Programmierer und soll daher hier nicht weiter erläutert werden, um nicht den inhaltlichen Rahmen zu sprengen.

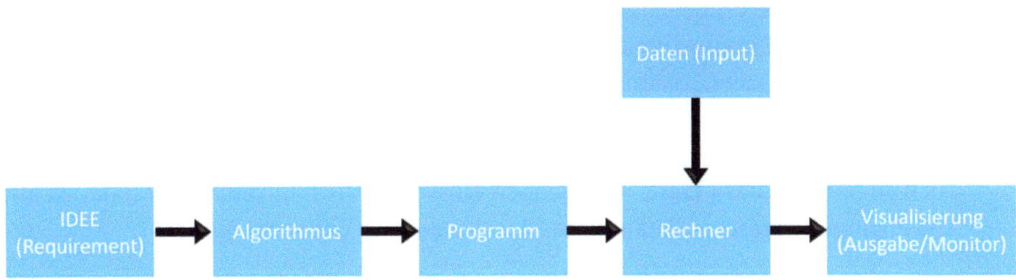

Abb. 1.1 Aktivitäten des Programmierens

1.1.3 Ausführung von Python-Programmen

Ein Quellcode, der in einer Programmiersprache geschrieben ist, ist vom Rechner noch nicht zu verstehen. Daher muss der Code erst in eine Maschinensprache umgewandelt werden, was als kompilieren bezeichnet wird. Je nach Programmiersprache passiert das zum Beispiel mittels einem Compiler oder einem Interpreter:

1. **Interpreter:** Der Interpreter verarbeitet den Quellcode Zeile für Zeile. Dabei wird eine Anweisung eingelesen, analysiert und sofort ausgeführt (Abbildung 1.2). Dann geht es zur nächsten Anweisung. Der Interpreter stoppt, sobald etwas nicht stimmt bzw. ein Fehler im Code vorhanden ist. Damit hat man als Entwickler den Hinweis, an welcher Stelle der Interpreter angehalten hat, um das Problem oder den Fehler schnellst möglichst zu beheben. Der Interpreter übersetzt das Quellcode nicht in Maschinensprache, sondern fungiert als eine Zwischenschicht zwischen Programmiersprache und Maschine. Weil hier direkt gearbeitet wird, sind interpretierte Programme langsamer als Kompilate. Wiederkehrende Anweisungen werden neu ausgeführt, wenn sie in der Sequenz auftreten.

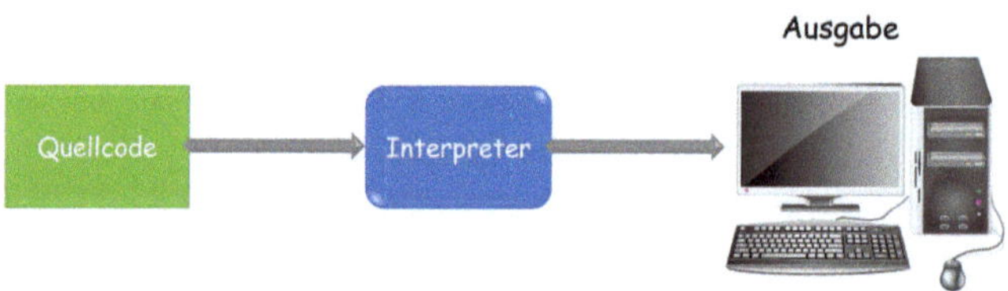

Abb. 1.2 Übersetzungvorgangs eines Interpreters

2. **Compiler:** Ein Compiler dagegen wandelt einen Quellcode in Maschinensprache um (Abbildung 1.3). Dabei wird der Code vollständig übersetzt, bevor das Programm ausgeführt wird. Häufig passiert noch ein Zwischenschritt. Der Quellcode wird in einen Objektcode umgewandelt. Dieser hat den Vorteil, dass er auf verschiedenen Plattformen funktioniert und auch von einem Interpreter verwendet werden kann. Aus diesem Zwischenergebnis übersetzt der Compiler dann einen Maschinencode. Anschließend wird eine ausführbare Datei generiert. Da der Compiler das Anstoßen mehrerer Schritte bewirkt, benötigt er daher mehr Zeit und Ressourcen. Sobald aber das fertige Programm läuft, ist es jedoch effizienter als interpretierter Code, da alle Anweisungen bereits vollständig in Maschinencode übersetzt sind.

Abb. 1.3 Übersetzungvorgang eines Compilers

1.1.4 Python installieren

Der offizielle Homepage von Python ist:

http://www.python.org

Hier darf nun Python erstmals heruntergeladen und anschließend installiert werden. Falls man noch keine Installation durchführen möchte, besteht die Möglichkeit, mit einem Online-Editor für Python zu arbeiten. Dieser ist mit dem folgenden Link zu finden:

http://pythontutor.com/live.html#mode=edit

Nach der Installation ist der Python-Prompt zu öffnen, in dem die ersten Anwendungen später programmiert werden. Diese Entwicklungsumgebung IDE (Integrated Development Environment) wird als *IDLE* bezeichnet. *IDLE* ist der Familienname von einem Mitglied der *Monty Python's* Gruppe.

Lasst uns zunächst irgendeinen Begriff oder Satz eingeben. Hier im Beispiel ist der Text *The Flying Circuit* eingegeben. Anschließend bestätigt man die Eingabe per Enter. Unmittelbar danach wird uns ein Fehler angezeigt. Dies liegt daran, dass der eingegebene Text nicht zum Sprachumfang von Python gehört und daher der Interpreter damit keine Umsetzung erreichen kann. Um in Python Befehle auszuführen, müssen Schlüsselwörter verwendet werden. Die Schlüsselwörter von Python kann man sich mit den folgenden zwei Befehlen anzeigen lassen:

```
1   import keyword
2   print(keyword.kwlist)
```

Diese Schlüsselwörter (Tabelle 1.1) werden für das Programmieren hergenommen. Da sie reservierte Wörter sind, dürfen sie ausserhalb ihres Anwendungsbereiches nicht eingesetzt werden, wie z.B. als Bezeichnung für Variablen oder Funktionsnamen.

Tabelle 1.1 Auflistung der Schlüsselwörter

False	None	True	and
as	assert	async	await
break	class	continue	def
del	elif	else	except
finally	for	from	global
if	import	in	is
lambda	nonlocal	not	or
pass	raise	return	try
while	with	yield	

Im Prompt-Fenster (Abbildung 1.4) wird ein Syntax-Error angezeigt. Die Erklärung wurde ja bereits gegeben. Neben dem Syntax-Error können noch weitere Arten von Fehlern entstehen, wie z.B. semantische Fehler, die auf die Logik des Codes hinweisen und damit ein Neu-Durchdenken erfordern. Auch Laufzeitfehler können auftreten, wenn z.B. in der 5. Stelle gelesen werden soll, aber insgesamt lediglich drei Stellen vorhanden sind. Daher ist es wichtig, vor der Programmierung die Anforderung gut zu analysieren und den Algorithmus zuerst mal schriftlich zu notieren. Diese Vorgehensweise ist natürlich kein Zwang, aber es erleichtert die Umsetzung einer Idee in eine strukturierten Vorgehensweise, welche das Programmieren beherrschbar macht. Wie man Fehler behebt, wird in dem Kapitel **Fehlerbehandlung** näher erklärt.

```
Python 3.9.0 Shell                                          —    □    ×

File  Edit  Shell  Debug  Options  Window  Help

Python 3.9.0 (tags/v3.9.0:9cf6752, Oct  5 2020, 15:34:40) [MSC v.1927 64 bit (AM
D64)] on win32
Type "help", "copyright", "credits" or "license()" for more information.
>>> The Flying Circuit
SyntaxError: invalid syntax
>>> |
```

Abb. 1.4 Python-Prompt

1.1.5 Zen of Python

Die Grundhaltung der Python-Community zur Programmierung in Python ist mit den ”Zen of Python”, in der die Einfachheit angestrebt wird, erklärt. Mit dem Befehl

```
1    import this
2    print(this)
```

werden alle Regeln aus dem »Zen of Python«angezeigt, für die Sie sich gerne Zeit zum Lesen nehmen dürfen.

1.2 Erste Schritte in Python

1.2.1 Rechnen mit Zahlen

Als Eintritt in das Programmieren soll zunächst mit der einfachen Arithmetik, nämlich dem Rechnen mit Ganzzahlen begonnen werden. In der folgenden Tabelle sind die einzelnen arithmetischen Operatoren der Programmiersprache Python aufgelistet. Die meisten Operatoren sind selbsterklärend. Der Operator // führt eine Division durch und gibt nur die Ganzzahl des Ergebnisses aus, d.h. die vor dem Komma stehende Zahl.

Tabelle 1.2 Arithmetische Operatoren in Python

Operator	Bedeutung
+	Addition
-	Subtraktion
*	Multiplikation
/	Division
//	Division (Resultat ganzzahlig)
%	Rest bei Division (Modulus)
**	Exponent

In Python gilt die Rechenregel *Exponent vor Punkt vor Strich*, wenn explizit keine Klammer um die benutzen Zahlen eingesetzt wird. Nun sollen unterschiedliche Operationen aus der Tabelle 1.2 mittels Ganzzahlen und Fließkommazahlen im *IDLE* ausgeführt werden. Hier wird der IDE als Taschenrechner eingesetzt, ohne dabei Kommandos einzusetzen. Im Abbildung 1.5 sind einige wenige Beispiele aufgeführt. Daneben dürfen hier gerne mit eigenen ausgewählten Zahlen weitere Berechnungen durchgeführt werden. Das Resultat jeder eingegebenen Rechenoperations wird durch die **Enter**-Taste ausgegeben.

```
>>> 2 + 6                        >>> 2.2 + 6.6
8                                8.8
>>> 3-5                          >>> 2-2 - 5
-2                               -5
>>> 2*6                          >>> 5.5 / 2.5
12                               2.2
>>> 8/2                          >>> 5.5 * 3.5
4.0                              19.25
>>> 8**2                         >>> 2.2 ** 3.6
64                               17.08919679201786
>>> 2 + 3*6                      >>> 5.5 // 3.5
20                               1.0
>>> (2+3)*6                      >>> 5.5//2.5
30                               2.0
>>> 8//2                         >>> 5.5 % 2.5
4                                0.5
```

Abb. 1.5 Beispielberechnungen

1.2.2 Einsatz von Variablen

```
>>> x1 = 3
>>> x2 = 4
>>> ergebnis = x1 + x2
>>> ergebnis
7
```

Abb. 1.6 Beispiele für die Anwendung von Variablen

Variablen sind freigewählte Bezeichnungen, denen ein Wert mit dem Ist-Gleich-Zeichen (=) zugewiesen wird. Die Variable ist wiederverwendbar. Diese Variable kann in den darauffolgenden Zeilen zum Beispiel in einer Formel eingesetzt werden, wie im folgenden Beispiel (Abbildung 1.6) dargestellt. Damit wird der zugewiesene Wert hinter der Variable automatisch erkannt.

Variablenbezeichnungen beginnen mit einem Buchstaben oder einem Unterstrich _. Dabei dürfen beliebig viele Buchstaben, Zahlen und Unterstrichen eingesetzt werden. Die Verwendung von Umlauten ist zu vermeiden. Statt der Bezeichnung *länge* lieber *laenge* verwenden. Wichtig ist die Einhaltung festgelegter Regeln, welche die Lesbarkeit und ein einheitliches Programmieren fordern. Variablennamen sollten ausschließlich in Kleinbuchstaben geschrieben werden. Zusammengesetzte Wörter sollten zusammengeschrieben werden. Der Anfangsbuchstabe jedes nachfolgenden Wortes ist großzuschreiben. Dabei können die zusammengesetzten Wörter mit einem Unterstrich separiert werden. Im Folgenden ist eine kleine Auswahl an zulässigen Formaten für Variablennamen aufgeführt:

- *zahl1*
- *zahl2*
- *grosseZahl*
- *ganzGrosseZahl*

Dagegen sind nicht zulässige Formate folgende Beispiele:

- *12Grad* – (fängt nicht mit Buchstaben oder Unterstrich an)
- *grosse Zahl* – (enthält Leerzeichen)

Variablen mit Wertzuweisung ermöglichen ein effizientes Arbeiten. Falls ein Wert sich ändern sollte, genügt es, den Wert hinter der Variable abzuändern. Andernfalls müsste sonst jeder Wert einzeln angepasst werden.

Mit Hilfe des Ausgabebefehls *print( )* wird eine Ausgabe erzeugt, mit der nun der zugewiesene Wert der Variable ausgegeben werden kann.

```
>>> x1 = 3
>>> x2 = 4
>>> erg1 = x1 + x2
>>> erg2 = x1 * x2
>>> print(erg1, erg2)
7 12
```

Abb. 1.7 Beispiele für die Ausgabe von Werten

Eine Mehrfachzuweisung bei Variablen, welche denselben Wert zugewiesen bekommen, ist machbar, wie im folgenden Beispiel dargelegt.

```
>>> x = y = z = 8
>>> print(x,y,z)
8 8 8
```

Abb. 1.8 Beispiele für Mehrfachzuweisung

Verschiedene Variablen mit unterschiedlichen Wertzuweisungen dürfen auch innerhalb einer Zeile ausgeführt, wie im Beispiel abgebildet:

```
>>> a, b, c, d = 3, 7, 5, 9
>>> print(a,b,c,d)
3 7 5 9
```

Abb. 1.9 Beispiele für Mehrfachzuweisungen

Python beherrscht zudem komplexe Zahlen. Die Voraussetzung für die Verwendung der komplexen Zahlen ist, dass sie in der Form

$$a + b \cdot j$$

deklariert werden müssen. Soll der Realanteil angesprochen werden, so wird hinter der zugewiesenen Variable *.real* anhängt. Ein ähnlicher Vorgang gilt für den Imaginärteil mit *.imag*.

```
>>> kzahl = 5 + 2j
>>> kzahl.real
5.0
>>> kzahl.imag
2.0
```

Abb. 1.10 Beispiele einer komplexen Zahl

Soll die Wurzel einer negativen Zahl berechnet werden, so muss dies mit einer Methode *.sqrt(zahl)* aus dem Modul *cmath* erfolgen, welches zuvor mit **import cmath** geladen wird. Die Ausgabe *1j* steht für den imaginären Wert *i*, welcher aus der Mathematik bekannt ist.

```
>>> import cmath
>>> cmath.sqrt(-1)
1j
```

Abb. 1.11 Wurzel aus -1

1.2.3 Zahlensysteme

Möchte man in andere Zahlensysteme die vorhandene Zahl bzw. Variable transformieren, ist dies mit den in der Tabelle 1.3 aufgeführten Methoden möglich.

Tabelle 1.3 Funktionen der Zahlensysteme

Zahlensysteme	Bedeutung
int()	dezimal
bin()	binär
oct()	oktal
hex()	hexal

Damit kann ein Wert von der Dezimaldarstellung in Hexal-, Oktal- oder Binärdarstellung und umgekehrt umgestellt werden. In dem folgenden Beispiel sind einige Umformungen vorgeführt.

```
>>> zahl = 15
>>> hex(zahl)
'0xf'
>>> oct(zahl)
'0o17'
>>> bin(zahl)
'0b1111'
>>> x = 0o17
>>> hex(x)
'0xf'
>>> int(x)
15
```

Abb. 1.12 Umrechnungen in andere Zahlensysteme

1.2.4 Shortcut-Operatoren

Gewisse Rechenoperationen können mit einem Shortcut-Operator abkürzt dargestellt werden. Wie z.B. die Addition einer Variable mit einer Zahl, dessen Resultat derselben Variable zugeordnet wird, siehe Beispiel in Abbildung 1.13.

```
>>> alter = 16
>>> alter = alter + 2
>>> alter
18
>>> alter += 4
>>> alter
22
```

Abb. 1.13 Beispiele für Shortcut-Operatoren

In der Tabelle 1.4 sind die zugehörigen Shortcuts zu den Basisarithmetiken aufgelistet.

Tabelle 1.4 Shortcut-Operatoren

Operation	lange Version	Shortcut
Addition	x = x + 2	x += 2
Subtraktion	x = x - 2	x -= 2
Addition	x = x * 2	x *= 2
Subtraktion	x = x / 2	x /= 2

1.2.5 Vergleichsoperatoren

Neben den arithmetischen Operatoren liegen Vergleichsoperatoren vor. In der Tabelle 1.5 sind die in Python festgelegten Operationszeichen aufgeführt.

Tabelle 1.5 Arithmetische Operatoren in Python

Operator	Bedeutung
<	kleiner
<=	kleiner gleich
>	größer
>=	größer gleich
==	gleich – (gleicher Wert?)
! =	ungleich
is	gleich – (selbes Objekt?)
is not	ungleich – (verschiedene Objekte?)

Das Ergebnis eines Vergleich liefert immer ein Wahrheitswert: entweder True für der *„Vergleich ist wahr"*oder False für der *„Vergleich ist nicht wahr"*. Hier einige Beispiele:

```
>>> p1 = 431 * 1289        >>> y <2
>>> p2 = 555559            False
>>> p1 == p2               >>> x>y
True                       False
>>> p1 is p2               >>> y>x
False                      True
```

Abb. 1.14 Beispiele für Vergleichsoperationen

An dieser Stelle dürfen die Vergleichsoperationen gerne mit eigenen Beispielen ausprobiert werden.

1.2.6 Verschiebeoperatoren

Zudem gibt es zwei Verschiebeoperationen (Tabelle 1.6), die in Python verwendet werden können. Wobei die Verschiebeoperationen entweder für eine Multiplikation oder für eine Division mit einer Potenz der Zahl 2 eingesetzt werden. Die Zahl hinter der Verschiebeoperation ist der Wert für den Exponent. Die Basis ist hier immer die 2.

Tabelle 1.6 Verschiebeoperatoren in Python

Operator	Beschreibung	Bedeutung
<<	Verschiebung nach links	Multiplikation mit Potenz von 2
>>	Verschiebung nach rechts	Division mit Potenz von 2

In der folgenden Tabelle sind einige Beispiele aufgeführt, in der die beiden Verschiebeoperationen zum Einsatz kommen.

Tabelle 1.7 Beispiele für Verschiebeoperationen

Beispiele
3 << 1 = 6
3 << 2 = 12
3 << 4 = 48
16 >> 1 = 8
16 >> 2 = 4
16 >> 3 = 2

1.2.7 Logische Operatoren

Mit Hilfe der logischen Operatoren können Elementarvergleiche miteinander verknüpft werden. In Python existieren die logischen Operatoren and, or und not (Tabelle 1.8).

Tabelle 1.8 Logische Operatoren in Python

Operator	Beispiel	Beschreibung
and	(a==1) and (b==2)	zwei Vergleiche gelten gleichzeitig
or	(a==1) or (b==2)	einer der Vergleiche gilt
not	not (a==1)	Umdrehen des logischen Wertes

1.2.8 Bruchrechnen

Einige Module sind ausgelagert und werden erst bei der Verwendung aktiviert, so wird z.B. das Modul **import fractions** aktiviert, um eine Bruchrechnung durchzuführen. Dabei wird die Methode *.Fractions(Zaehler, Nenner)*, wie im Beispiel gezeigt, eingesetzt.

```
>>> import fractions
>>> burch = fractions.Fraction(3,4)
>>> burch
Fraction(3, 4)
>>> print(burch)
3/4
```

Abb. 1.15 Beispiel einer Bruchrechnung

1.3 IDE-Spyder-Installation

Für das weitere Programmieren soll an dieser Stelle der IDE Spyder installiert werden. Auf der folgenden Seite

https://docs.conda.io/en/latest/miniconda.html

sollte die Software *Miniconda* heruntergeladen werden, über die im Anschluss *Spyder* installiert wird. Eine Installationsanweisung und weiteres Vorgehen wird auf der folgenden Seite näher aufgeführt:

https://katiekodes.com/setup-python-windows-miniconda/

Nun sollte ein Programmieren in Spyder möglich sein. Spyder ist eine professionellere Entwicklungsumgebung für Python mit einigen Add-ons, auf die jedoch hier nicht weiter eingegangen wird.

1.3.1 Ausgabe- und Eingabebefehl

Den Ausgabebefehl *print()* hatten wir bereits zuvor eingeführt, mit ihm kann z.B. der zugewiesene Wert einer Variable oder auch einfach ein Text oder die Kombination beider ausgegeben werden. Folgendes Beispiel:

```
1  kursname = 'Big Data Analytic'
2  print(kursname)
```

Kommentare vor oder nach einer Methode können eingefügt werden, in dem zuvor das #-Zeichen geschrieben wird. Alles was hinter dem Raute-Zeichen aufgeführt wird,

wird vom Interpreter nicht umgesetzt. Das Raute-Zeichen schließt die Kommentare vom eigentlichen Programm aus.

Neben dem Ausgabebefehl gibt es einen Eingabebefehl *input()*. Diese Funktion fordert eine Eingabe durch den User. *input()* fasst die Eingabe als Text auf. Sollte die Methode die Eingabe jedoch als Integer auffassen, so ist die Methode innerhalb von *int()* auszuführen, wie z.B. *int(input(. . .))*, wie im folgenden Beispiel dargestellt.

```python
user_eingabe = input("Bitte Zahl eingeben: ")
print(user_eingabe)
```

1.3.2 Formatierung: Format-Codes

In der Tabelle 1.9 sind unterschiedliche Format-Codes aufgelistet. Mit ihrem Einsatz wird der Datentyp der eingesetzten Variable festgelegt. Das bedeutet, je nach Code unterscheiden sich die Typen zwischen Ganzzahl (integer), Gleitkommazahlen (float) oder Zeichenkette (string).

Tabelle 1.9 Format-Codes

Code	Bedeutung
$\%s$	Zeichenkette
$\%i$	Integer
$\%f$	Fließkommazahl
$\%e$	Fließkommazahl mit Exponentialschreibweise

Zudem können die Gleitkommazahlen (float) bei ihrer Ausgabe auf die Anzahl an Nachkommastellen eingestellt werden, wie in der Tabelle 1.10 aufgelistet.

Tabelle 1.10 Dezimalpunkt und Nachkommastellen

Option	Bedeutung	Beispiel	Erklärung
.	Dezimalpunkt	%.2f	2 Nachkommastellen

Mit einem Punkt und einem Wert, der die Nachkommastellen angibt, erfolgt die Umsetzung, wie in den folgenden Beispielen gezeigt:

```python
zahl = 12345.123564
print("Zahl: %7.2f" % (zahl))

zahl1 = 'xylophon'
print("Zahl1: %.2s" % (zahl1))
```

Mit der Methode *format(value, format)* kann die Darstellung einer Zahl in gewünschte Formate, wie in der Tabelle 1.11 aufgelistet, transformiert werden.

Tabelle 1.11 Parameter für Formate

| Feldtyp | | Feldtyp | |
Zeichen	Bedeutung	Zeichen	Bedeutung
b	binär	f	Gleitkommazahl
c	Unicode	o	oktal
d	dezimal	x	hexal
e	exponential	$\%$	Prozent

- Beispiel:

```python
zahl = .66
erg = format(zahl, '%')
print(erg)
```

Darüber hinaus besteht eine weitere Anwendung für die Methode *format()*. Sie kann als positionaler Index innerhalb der *print()*-Funktion oder mit Keywords versehen eingesetzt werden, wie in den nachfolgenden Beispielen dargestellt.

- Beispiel: *format()* mit positionaler Index:

```python
print("Diese Woche arbeit ich am {1},{2} und {4}"\
      .format('Mo','Di','Mi','Do','Fr'))
```

- Beispiel: *format()* mit Keywords:

```python
print("Der {r}, {t} und {t} ist dran"\
      .format(r='Erste',t='Zweite'))
```

1.3.3 Erste einfache Programme

Mit den bisherigen Kenntnissen sollte man nun in der Lage sein, ein einfaches Programm schreiben zu können.

Im folgenden ersten Beispiel soll ein Programm implementiert werden, welches die Summe eines Einkaufs ermittelt. Gegeben seien drei unterschiedliche Saftsorten und ihre Flaschenpreise. Durch die Eingabe der gewünschten Anzahl der verschiedenen Saftsorten soll ein Gesamtpreis ermittelt und ausgegeben werden:

```python
print("Saftladen\n\n")
prApfelschorle = 0.70
prBananenmilch = 1.20
prOrangensaft = 0.80

anzAschorle = int(input('Wieviel Apfelschorle?' ))
anzBmilch = int(input('Wieviel Bananenmilch?' ))
anzOsaft = int(input('Wieviel Orangensaft?' ))

preis = anzAschorle * prApfelschorle + \
        anzBmilch * prBananenmilch + \
        anzOsaft * prOrangensaft
print('Summe: ', preis)
```

Im zweiten Beispiel soll die Summe zweier zuvor durch Eingabe abgefragten Minutenangaben ausgegeben werden, die im Format *Stunde:Minute* unterteilt stehen.

```python
min1 = int(input('erste Minuten-Zahl:' ))
min2 = int(input('zweite Minuten-Zahl: '))

sum = min1 + min2
std = sum // 60
min = sum % 60

print(std,' Stunde(n) ',min,' Minuten')
```

Kapitel 2
Zeichenketten

Zeichenketten, in der Programmierung als Strings bezeichnet, bilden eine grundlegende Datenstruktur zur Darstellung und Verarbeitung von Textinformationen. In diesem Kapitel werden die vielfältigen Möglichkeiten zur Arbeit mit Zeichenketten in Python behandelt – von ihrer Definition und der Verwendung von Anführungszeichen über effiziente Zugriffe mittels Indizierung und Slicing bis hin zu leistungsstarken Methoden zur Manipulation und Analyse von Textdaten. Durch die Anwendung von Methoden wie $split()$, $join()$ oder $replace()$ sowie den Einsatz moderner Formatierungstechniken wie f-Strings lernen Sie, Texte flexibel zu strukturieren, zu durchsuchen und zu verändern. Dieses Wissen bildet die Basis für die Entwicklung von Programmen, die mit Benutzereingaben arbeiten, Daten aufbereiten oder Textinhalte automatisiert verarbeiten.

2.1 Grundlagen von Zeichenketten

In der Programmierung bezeichnet man die Aneinanderreihung verschiedener Zeichen wie Buchstaben, Zahlen oder Symbole als Zeichenkette. Beispiele für Zeichenketten sind Wörter, Texte oder auch Passwörter. Der englische Begriff für Zeichenkette lautet *string*. Eine Zeichenkette besteht aus mindestens einem Zeichen (Buchstaben, Zahlen, Symbole), auch *char* genannt, das ein beliebiges Zeichen der Tastatur oder ein einzelner Tastendruck sein kann.

2.1.1 Anführungszeichen

Zeichenketten müssen in doppelte " oder einfache ' Anführungszeichen gesetzt werden, damit Python sie als *string* erkennt, so wie im folgenden Beispiel gezeigt.

© Der/die Autor(en), exklusiv lizenziert an
Springer Fachmedien Wiesbaden GmbH, ein Teil von Springer Nature 2026
Y. Can, *Grundlagen der Python-Programmierung*,
https://doi.org/10.1007/978-3-658-51437-2_2

```
1 zKette1 = "Martin"
2 zKette2 = 'Martin'
3
4 print(zKette1)
5 print(zKette2)
```

In diesem Beispiel ist die Zeichenkette *Martin* sowohl in einfache als auch in doppelte Anführungszeichen gesetzt. Beide Varianten liefern dasselbe Ergebnis beim Ausführen des Codes. Enthält die Zeichenkette jedoch selbst ein einfaches Anführungszeichen ('), was häufig der Fall sein kann, sollte bevorzugt das doppelte Anführungszeichen verwendet werden. Umgekehrt gilt: Wenn die Zeichenkette ein doppeltes Anführungszeichen (") enthält, sollte die gesamte Zeichenkette in einfache Anführungszeichen gesetzt werden. Dies wird im folgenden Beispiel verdeutlicht.

```
1 zKette1 = "Zeig mir, wie's geht"
2 print(zKette1)
3
4 zKette2 = 'Gasthaus zum "Goldenen Ochsen" '
5 print(zKette2)
```

Wenn man Zeichenketten konsequent in doppelte Anführungszeichen setzt, kann man im Text enthaltene doppelte Anführungszeichen durch Voranstellen eines Backslashes (\") maskieren, um sie korrekt zu verwenden.

```
1 text = "Gasthaus zum \"Goldenen Ochsen\""
2 print(text)
```

In langen Texten, die über mehrere Zeilen gehen, können Zeilenumbrüche eingefügt werden, indem der gesamte Text in dreifache Anführungszeichen ('''*langer Text*''') eingeschlossen wird.

```
1 text2 = '''erste Zeile
2       zweite Zeile
3       dritte Zeile'''
4 print(text2)
```

2.1.2 Escape Charakters – Steuerzeichen

Innerhalb eines Strings können Steuerzeichen verwendet werden, die verschiedene Funktionen erfüllen. Ein häufig genutztes Steuerzeichen ist \n, das einen Zeilenumbruch in der Ausgabe erzwingt.

```
1 text2 = "erste Zeile \nzweite Zeile \ndritte Zeile"
2 print(text2)
```

Darüber hinaus gibt es noch weitere Steuerzeichen, die in der folgenden Tabelle 2.1 gegenüber gestellt sind.

Tabelle 2.1 Wichtige Steuerzeichen

Zeichen	Bedeutung	engl. Bezeichung
$\backslash a$	Piepser	alarm
$\backslash b$	ein Zeichen zurück	backspace
$\backslash f$	Seitenvorschub	forward 1 page
$\backslash n$	Zeilenumbruch	new line
$\backslash r$	Wagenrücklauf	carriage return
$\backslash t$	Tabulator	tab

2.2 Operationen auf Zeichenketten

2.2.1 Zeichenkette und Index

Zeichenketten können als eine Reihe von Indizes betrachtet werden. Die Indizes beginnen bei 0 und erhöhen sich mit jedem Zeichen um eins. Jedem Index ist dabei ein einzelnes Zeichen (*char*) zugeordnet, das an dieser Position in der Zeichenkette steht. Der Index repräsentiert somit die jeweilige Position eines Zeichens innerhalb der Zeichenkette (Tabelle 2.2).

Tabelle 2.2 Zeichenkette mit Indizes für "Programmieren mit Python"

Index	0	1	2	...	n-1	n
Zeichen	P	r	o	...	o	n

Mithilfe der Indizes können nun einzelne Zeichen in der Zeichenkette direkt angesprochen werden. Im folgenden Beispiel werden die Zeichen an den Positionen mit den Indizes 2 und 12 ausgegeben.

```python
text = "Programmieren mit Python"
print(text[2])
print(text[12])
```

2.2.2 Slicing innerhalb Zeichenketten

Slicing bezeichnet die Auswahl eines bestimmten Bereichs einer Zeichenkette. Dies erfolgt durch die Angabe des Start- und End-Index (wobei der End-Index nicht eingeschlossen wird) in eckigen Klammern, getrennt durch einen Doppelpunkt, direkt hinter der Variablen, welcher der Zeichenkette zugewiesen ist: *variable[Start-Index : End-Index]*. Dabei ist zu beachten, dass der End-Index nicht selbst einbezogen wird, sondern nur bis zum vorherigen Index ($n - 1$) berücksichtigt wird.

```python
text = "Programmieren mit Python"
print(text[14:17])
```

In diesem Beispiel wird mithilfe von Slicing *text[14:17]* ein Teil des Strings extrahiert, der bei Index 14 beginnt und bei Index 16 endet (das Ende des Slicing-Bereichs ist exklusiv). In Python beginnt die Indexierung eines Strings bei 0, sodass der Index 14 dem Buchstaben *m* entspricht, und der Index 17 markiert das Ende des Slicing-Bereichs. Die Zeichenfolge *"mit"* wird extrahiert.

Durch das Hinzufügen eines weiteren Werts in den Slicing-Klammern *variable[Start-Index : End-Index : Schrittweite]*, der nach dem End-Index durch einen Doppelpunkt getrennt eingefügt wird, lässt sich eine Schrittweite festlegen. Im Beispiel wird die Schrittweite auf 3 gesetzt, was bedeutet, dass jedes dritte Zeichen im Bereich der Indizes von 0 bis 9 ausgewählt wird.

```python
text = "Programmieren mit Python"
print(text[0:10:3])
```

Um eine Zeichenkette umgekehrt auszugeben, kann die Schrittweite auf -1 gesetzt werden, wobei die Start- und End-Indizes weggelassen werden. Dadurch wird die Zeichenkette von hinten nach vorne durchlaufen. Der String *"hannahs"* wird dadurch rückwärts zu *"shannah"*.

```python
text = "hannahs"
print(text[::-1])
```

2.2.3 Variablen innerhalb Zeichenketten – (f-Strings)

Um in einer Zeichenkette auf zuvor deklarierte Variablen zuzugreifen, können sogenannte *f*-Strings verwendet werden, die ab Python 3.6 verfügbar sind. Hierzu wird vor den Anführungszeichen ein *f* geschrieben, und innerhalb der Anführungszeichen werden Variablen in geschweiften Klammern *variable* eingefügt. Der *f*-String sorgt dafür, dass die Variablen in der Ausgabe durch ihre jeweiligen Werte ersetzt werden und innerhalb einer Zeichenketten verwendet werden können, wie in dem nachfolgenden Beispiel gezeigt. Ein f-String (*f*) erlaubt die Einbettung von Variablen direkt in einen String. Innerhalb der geschweiften Klammern werden die Werte der Variablen *vorname* und *nachname* eingesetzt. Der resultierende String *name* enthält den Vor- und Nachnamen, getrennt durch ein Leerzeichen, und wird anschließend ausgegeben.

```
1  vorname = "Tim"
2  nachname = "Alster"
3  name = f"{vorname} {nachname}"
4  print(name)
```

Das Verschachteln von Variablen ist mit *f*-String möglich, wie im folgenden Beispiel gezeigt wird. Wenn darüber hinaus der erste Buchstabe des Wertes einer Variable in der Ausgabe großgeschrieben werden soll, kann dies durch die Methode *.title()* erreicht werden. Dadurch muss bei der Zuweisung des Variablenwerts nicht auf Groß- und Kleinschreibung geachtet werden, da solche Anpassungen bei Bedarf mithilfe von Methoden wie *.title()* vorgenommen werden können.

```
1  vorname = "tim"
2  nachname = "alster"
3  name = f"{vorname} {nachname}"
4  nachricht = f"Hallo, {name.title()}"
5  print(nachricht)
```

2.2.4 Methoden zur Verarbeitung von Zeichenketten

Die hier erwähnten Methoden, auch als Funktionen bekannt, ermöglichen die Bearbeitung von Zeichenketten. Eine Methode wird aufgerufen, indem sie an die Variable angehängt wird, z.B. *variable.funktion()*. In der Tabelle 2.3 sind verschiedene Methoden aufgeführt, die zur Manipulation und Verarbeitung von Zeichenketten verwendet werden können.

Tabelle 2.3 Methoden für Zeichenketten

Methoden	Bedeutung
split()	Aufspalten; in Listen ablegen
join()	Listeninhalt zusammenfassen
find()	bestimmte Zeichenfolge suchen
replace()	Zeichenfolge ersetzen
index()	Ausgabe Index eines *char*'s
upper()	Großschrift
lower()	Kleinschrift
center()	Zentrieren
strip()	Unnötiges entfernen

Die folgenden Abschnitte erläutern die einzelnen Funktionen anhand von Beispielen.

2.2.4.1 Methode: *split()*

Mit der Methode *variable.split()* wird eine Zeichenkette in eine Liste von Teilstrings anhand eines Trennzeichens zerlegt. Die Methode *split()* teilt den String an den Leerzeichen auf und erstellt eine Liste, in der jedes Wort ein eigenes Element ist. Das Ergebnis ist eine Liste der Wörter: *['Der', 'Kurs', 'ist', 'heute']*. Standardmäßig wird *split()* durch Leerzeichen getrennt, aber du kannst auch ein anderes Trennzeichen angeben, wenn nötig.

```
text = 'Der Kurs ist heute'
erg = text.split()
print(erg)
```

Indexierung ermöglicht das Aufteilen eines ausgewählten Bereichs einer Zeichenkette. Um jedoch nur das letzte Wort der Zeichenkette in eine Liste zu extrahieren, kann der Index -1 verwendet werden. Die Methode *split()* teilt den String *text* in eine Liste von Wörtern auf: *['Der', 'Kurs', 'ist', 'heute']*. Durch den Index *[-1]* wird das letzte Element der Liste ausgewählt, was in diesem Fall das Wort *'heute'* ist. Das ausgewählte Wort wird dann ausgegeben

```
text = 'Der Kurs ist heute'
erg = text.split()[-1]
print(erg)
```

Es ist ebenfalls möglich, einen zusammengesetzten Text anhand eines bestimmten Trennzeichens aufzuteilen. Die Methode *split(trennzeichen)* teilt den String an jeder Stelle auf, an der das Trennzeichen *'xy'* auftritt, und erstellt eine Liste der resultierenden Teile. In diesem Fall wird der String in die vier Wörter *'Der'*, *'Kurs'*, *'ist'* und *'heute'* zerlegt und als Liste ausgegeben.

```
text = 'DerxyKursxyistxyheute'
trennzeichen = 'xy'
erg = text.split(trennzeichen)
print(erg)
```

2.2.4.2 Methode: *join()*

Ein aufgesplitteter Text, der nun Wort für Wort in einer Liste gespeichert ist, kann mit der Methode *' '.join(variable)* wieder zu einer Zeichenkette zusammengeführt werden. Das Leerzeichen zwischen den einfachen Anführungszeichen sorgt dafür, dass die Wörter beim Zusammenfügen durch Leerzeichen getrennt werden.

```
text = 'Der Kurs ist heute'
print(text)

erg = text.split()
print(erg)

zusammen = ' '.join(erg)
print(zusammen)
```

2.2.4.3 Methode: *find()*

Um eine bestimmte Zeichenfolge in einer Zeichenkette zu finden, wird die Methode *variable.find(wert, von, bis)* verwendet. Dabei gibt *wert* die gesuchte Zeichenfolge an. Sobald die erste Übereinstimmung gefunden wird, gibt die Methode den entsprechenden Index zurück und beendet die Suche. Wenn die Zeichenfolge nicht vorhanden ist, wird -1 ausgegeben. Durch die optionalen Parameter *von* und *bis* kann der Suchbereich innerhalb der Zeichenkette eingeschränkt werden.

```python
text = 'Der Kurs ist heute'
erg = text.find('eu')
print(erg)
```

Ein Zeichen innerhalb einer Zeichenkette kann auch mithilfe einer *if*-Bedingung gesucht werden. Genauere Informationen zu *if*-Bedingungen werden in späteren Kapiteln behandelt.

```python
text = 'Der Kurs ist heute'

if 'u' in text:
    print('gefunden')
```

2.2.4.4 Methode: *replace()*

Mit der Methode *variable.replace(alt, neu, count=optional)* kann ein Wort in einer Zeichenkette durch ein anderes ersetzt werden, ohne den ursprünglichen Inhalt der Variable zu verändern. Der optionale Parameter *count* legt fest, wie oft das Ersetzen erfolgen soll. Wird ein Integer-Wert für *count* angegeben, beschränkt sich die Ersetzung auf diese Anzahl. Möchte man beispielsweise nur die ersten zwei Vorkommen eines Wortes ändern und das dritte unberührt lassen, setzt man *count* = 2.

```python
text = 'Der Kurs ist heute'
erg = text.replace('Kurs','Unterricht')
print(erg)
print(text)
```

2.2.4.5 Methode: *index()*

Die Methode *variable.index(wert, von, bis)* gibt den Index zurück, an dem der gesuchte Wert erstmals gefunden wird. Mit den optionalen Parametern *von* und *bis* kann der Suchbereich innerhalb der Zeichenkette eingegrenzt werden.

```python
text = 'Der Kurs ist heute'
erg = text.index('eu')
print(erg)
```

Die Methode *index()* sucht nach dem Teilstring *'eu'* im String *text* und gibt den Index des ersten Zeichens des Teilstrings zurück. In diesem Fall beginnt *'eu'* an der Position 16.

2.2.4.6 Methoden: *upper()* und *lower()*

Durch das Anwenden der Methode *variable.upper()* auf eine Variable, die eine Zeichenkette enthält, wird der gesamte Text in Großbuchstaben umgewandelt und ausgegeben.

```
text = 'Der Kurs ist heute'
erg = text.upper()
print(erg)
```

Im Gegensatz dazu wandelt die Methode *variable.lower()* die gesamte Zeichenkette in Kleinbuchstaben um und gibt sie entsprechend aus.

```
text = 'Der Kurs ist heute'
erg = text.lower()
print(erg)
```

2.2.4.7 Methode: *center()*

Die Methode *variable.center(length)* ermöglicht die zentrierte Darstellung einer Zeichenkette. Der Integer-Wert für *length* gibt die Gesamtbreite der Ausgabe an, wobei auf beiden Seiten gleich viele Leerzeichen eingefügt werden. Zusätzlich kann die Methode optional mit einem Zeichen verwendet werden, das die Leerstellen füllt, indem man *variable.center(length, charakter)* nutzt. Wenn der *charakter*-Parameter weggelassen wird, werden standardmäßig Leerzeichen verwendet.

```
text = 'Der Kurs ist heute'
erg = text.center(40)
print(erg)

erg2 = text.center(21,'+')
print(erg2)
```

Der String *text* wird in einer Breite von 40 Zeichen mit *center(40)* zentriert. Die restlichen Zeichen werden links und rechts als Leerzeichen hinzugefügt, um den Text in der Mitte zu positionieren. Mit *center(21, '+')* wird der String innerhalb von 21 Zeichen zentriert, und statt Leerzeichen wird das Zeichen '+' verwendet, um die restlichen Positionen zu füllen.

2.2.4.8 Methode: *strip()*

Die Methode *variable.strip(chars)* entfernt alle überflüssigen Leerzeichen, Tabulatoren (\t) und Zeilenumbrüche (\n) am Anfang und Ende einer Zeichenkette.

```
1  text = '\n               Kurs: heute       \t'
2  print(text)
3
4  erg = text.strip()
5  print(erg)
```

Die Methode *strip()* entfernt diese Zeichen am Anfang und Ende des Strings, sodass nur der eigentliche Inhalt 'Kurs: heute' übrig bleibt.

Optional können auch spezifische Zeichen (*chars*) angegeben sein, die vor oder nach der Zeichenkette entfernt werden sollen. Der ursprüngliche String enthält am Anfang und Ende wiederholte Zeichen '*+'.

```
1  text = '*+*+*+*+Kurs: heute*+*+*+*+'
2  print(text)
3
4  erg = text.strip('*+')
5  print(erg)
```

Die Methode *strip('+')* entfernt alle vorkommenden " und '+' am Anfang und Ende des Strings, wobei der zentrale Inhalt 'Kurs: heute' erhalten bleibt. Beachte, dass nur die äußeren '*' und '+' entfernt werden, nicht die in der Mitte, falls diese dort vorkommen würden.

2.2.4.9 Methoden: *rstrip()* und *lstrip()*

Die Methode *variable.rstrip()* entfernt Leerzeichen am Ende einer Zeichenkette,

```
1  text = " Kurs "
2  text1 = text.rstrip()
3  text2 = text1 + "steht"
4
5  print(text)
6  print(text1)
7  print(text2)
```

während *variable.lstrip()* Leerzeichen am Anfang der Zeichenkette entfernt.

```
1  text = " Kurs "
2  text1 = text.lstrip()
3  text2 = text1 + "steht"
```

Die Methode *variable.rstrip(character)* entfernt unerwünschte Zeichen am Ende einer Zeichenkette, wobei die zu entfernenden Zeichen im Parameter *character* angegeben werden. Bei mehrfach vorkommenden Zeichen reicht ein einzelner Eintrag.

```python
txt = "banane,,,,,ssqqqww....."
x = txt.rstrip(",.qsw")
print(x)
```

Analog dazu können unerwünschte Zeichen am Anfang der Zeichenkette mit *variable.lstrip(character)* entfernt werden.

```python
txt = ",,,,,,ssaaww.....banane"
x = txt.lstrip(",.saw")
print(x)
```

Kapitel 3
Zahlen – mathematische Funktionen

Die Arbeit mit Zahlen ist eine der grundlegendsten und häufigsten Aufgaben in der Programmierung. Python bietet hierfür drei zentrale numerische Datentypen: Ganzzahlen (`int`), Gleitkommazahlen (`float`) und komplexe Zahlen (`complex`). In diesem Kapitel werden diese Datentypen vorgestellt und es wird gezeigt, wie sie effektiv für Berechnungen eingesetzt werden können. Darüber hinaus werden wichtige integrierte Funktionen wie *sum*(), *round*(), *zip*() und andere behandelt, sowie die Möglichkeiten des *random*-Moduls zur Erzeugung von Zufallszahlen für Simulationen oder statistische Analysen erklärt. Dieses Wissen bildet die Grundlage für präzise numerische Operationen und datengetriebene Anwendungen in Python.

3.1 Numerische Datentypen

Python unterstützt die folgenden drei numerischen Datentypen (siehe Tabelle 3.1): den Ganzzahltyp `int`, den Gleitkommatyp `float` und den komplexen Zahlentyp `complex`. Der Ganzzahltyp `int` umfasst die Menge der ganzen Zahlen, sowohl positive als auch negative, also $int \in \mathbb{Z}$. Der Typ `float` repräsentiert die Menge der reellen Zahlen, wobei gilt: $float \in \mathbb{R}$. Mit `float` können Zahlen wie positive und negative Gleitkommazahlen, Zahlen in Exponentialdarstellung sowie ganze Zahlen abgebildet werden. Zusätzlich unterstützt Python den Datentyp für komplexe Zahlen, der als `complex` bezeichnet wird und die Arbeit mit komplexen Zahlen ermöglicht.

Tabelle 3.1 Numerische Datentypen in Python

Datentyp	Erläuterung	Beispiel
`int`	Integer, ganze Zahl	10, 100, -75,
`float`	Gleitkommazahl	13.2, -5.0, 5e5
`complex`	komplexe Zahl	4j, 0.5j, 2+5j

Python stellt grundlegende Methoden zur Verfügung, die für die Bearbeitung von Zahlen verwendet werden können. In Tabelle 3.2 sind einige dieser Methoden aufgeführt, die im Anschluss in den Unterkapiteln mit Beispielen erläutert werden.

Tabelle 3.2 Arithmetische Methoden aus *math*

Methode	Rückgabe
abs()	Absolutwert
round()	Auf-/abrunden
max()	Maximum
min()	Minimum
sum()	Aufteilung in Integer und Float
zip()	Wertepaarung

3.1.1 Methode: *abs*()

Die Methode *abs(x)* gibt den Absolutwert einer Zahl *x* zurück.

```
print("Absolut von -45: ", abs(-45))
print("Absolut von 100.12: ", abs(100.12))
```

3.1.2 Methode: *round*()

Mit der Methode *round(x, n)* wird eine Gleitkommazahl *x* auf *n*-Stellen nach dem Komma auf- bzw. abgerundet.

```
print(round(100.050056, 3))
print(round(-100.000056))
```

3.1.3 Methode: *max*() und *min*()

Die Methode $\max(x_1, x_2, \ldots, x_n)$ gibt das Maximum der eingegebenen Zahlen $x_1, \ldots, x_n$ zurück. Entsprechend ermittelt $\min(x_1, x_2, \ldots, x_n)$ das Minimum der eingegebenen Zahlen $x_1, \ldots, x_n$. Auch der Inhalt einer Liste, sofern diese ausschließlich Zahlenwerte enthält, kann mit den genannten Methoden auf das Minimum und Maximum untersucht werden.

```
1  print(max(80, 100, 1000))
2  print(min(80, 100, 1000))
3
4  a = [80, 100, 1000]
5  b = min(a)
6  print(b)
```

3.1.4 Methode: *sum* ()

Die Methode sum($a[, x]$) berechnet die Summe einer Menge a von Zahlen. Optional kann eine weitere Zahl x übergeben werden, die zur berechneten Summe von a addiert wird.

```
1  import math
2
3  a = (1,2,3,4)
4  print(sum(a,3))
```

3.1.5 Methode: *zip* ()

Die Methode zip(a, b) paart die Elemente der Mengen a und b miteinander. Die Paarung erfolgt nach dem Prinzip: „erstes Element aus a mit dem ersten Element aus b, zweites Element aus a mit dem zweiten Element aus b" und so weiter. Sollte eine der beiden Mengen a oder b weniger Elemente enthalten, endet die Paarung bei dem letzten Element der kleineren Menge.

```
1  a = (1, 3, 4)
2  b = (2, 4)
3
4  x = zip(a, b)
5  print(list(x))
```

3.2 Modul *random*

Zusätzlich soll an dieser Stelle das Modul *random* eingeführt werden. Das Modul random in Python bietet eine Vielzahl von Methoden zur Erzeugung von Zufallszahlen und zufälligen Sequenzen. Es ermöglicht die Generierung von Pseudozufallszahlen sowohl für ganzzahlige als auch für Gleitkommawerte. Das Modul wird häufig in Anwendungen wie Simulationen, Spielen, statistischen Analysen und zur zufälligen

Auswahl von Elementen aus Listen verwendet. Einige dieser Methoden sind in Tabelle 3.3 dargestellt. Das Modul verwendet für seine Zufallszahlen den sogenannten Mersenne-Twister-Algorithmus, der eine hohe Qualität der Pseudozufallszahlen bietet und für die meisten Standardanwendungen ausreichend ist. Für Anwendungen, bei denen echte Zufälligkeit erforderlich ist, wie etwa in der Kryptografie, empfiehlt es sich, das Modul `secrets` zu verwenden.

Das Modul `random` ist einfach anzuwenden und bietet eine gute Möglichkeit, Zufälligkeit in Python-Programmen zu nutzen. Durch seine Vielseitigkeit und einfache Handhabung ist es ein häufig genutztes Werkzeug in der Python-Programmierung.

Tabelle 3.3 Auswahl an Methoden aus dem Modul *random*

Funktionen	Rückgabe
$random()$	Zufallswert
$choice()$	zufälliges Element aus Liste, Tupel oder String
$randrange()$	zufälliger Auswahl aus $range()$
$seed()$	Pseudorandom
$shuffle()$	randomisierte Elemente einer Liste
$uniform(x, y)$	*float* Zufallswert $x < r < y$
$randint(x, y)$	*int* Zufallswert $x < r < y$

3.2.1 Methode: *random*()

Mit dem Aufruf der Methode `random.random()` wird eine zufällige Fließkommazahl im Bereich [0.0, 1.0) zurückgegeben.

```python
import random

print(random.random())
print(random.random())
```

3.2.2 Methode: *choice*()

Methode *random.choice*() gibt ein zufälliges Element aus einer Sequenz (wie einer Liste oder einem Tupel) zurück.

```python
import random

print(random.choice(range(100)))
print(random.choice([1, 2, 3, 5, 9]))
print(random.choice('Hello World'))
```

3.2.3 Methode: *randrange*()

Die Methode `random.randrange([start, ] stop [, step])` gibt eine zufällige Zahl aus einem durch `range()` erzeugten Bereich zurück. Im ersten Beispiel wird eine ungerade Zufallszahl zwischen 1 und 100 ausgegeben. Im zweiten Beispiel wird hingegen eine Zufallszahl zwischen 0 und 99 erzeugt.

```
import random

print(random.randrange(1, 100, 3))
print(random.randrange(100))
```

3.2.4 Methode: *seed*()

Mit dem Aufruf der Methode `random.seed(x)` wird der Zufallszahlengenerator auf einen bestimmten Anfangswert (*Seed*) gesetzt, wodurch eine reproduzierbare Folge von Pseudozufallszahlen erzeugt wird. Nach jedem Aufruf von `random.random()` wird dann stets dieselbe Pseudozufallszahl ausgegeben, die der gesetzten Seed-Nummer x entspricht.

```
import random

random.seed(2)
print(random.random())
```

Der Seed sorgt dafür, dass die zufällige Folge reproduzierbar ist, was insbesondere für Debugging oder kontrollierte Experimente nützlich ist. In diesem Beispiel stellt `random.seed(2)` sicher, dass `random.random()` immer denselben Wert erzeugt.

3.2.5 Methode: *shuffle*()

Die Methode `random.shuffle(a)` mischt die Elemente einer Sequenz in zufälliger Reihenfolge.

```
import random

a = [20, 16, 10, 5];

random.shuffle(a)
print(a)
```

`random.shuffle(a)` mischt die Elemente der Liste a zufällig.

3.2.6 Methode: *uniform*()

random.uniform(a, b): Gibt eine zufällige Fließkommazahl im Bereich $[a, b]$ zurück, es gilt: $a < r < b$

```python
import random

print(random.uniform(5, 10))
```

3.2.7 Methode: *randint*()

random.randint(a, b): Gibt eine zufällige Ganzzahl zwischen a und b zurück, wobei sowohl a als auch b eingeschlossen sind, es gilt: $a < r < b$

```python
import random

print(random.randint(5, 10))
```

Kapitel 4
Strukturierte Daten

Programme arbeiten oft mit ganzen Datensammlungen, die strukturiert verwaltet werden müssen. In diesem Kapitel werden die wichtigsten strukturierten Datentypen in Python vorgestellt: Listen, Tupel, Dictionaries und Sets, die verschiedene Arten von Werten wie Zahlen, Zeichenketten, Listen, Dictionaries, Tupel und Sets selbst umfassen können. Diese Datenstrukturen ermöglichen es, Informationen effizient zu gruppieren, zu organisieren und abzurufen. Von der flexiblen und veränderbaren Liste über das unveränderliche Tupel bis hin zum schlüsselbasierten Dictionary und der duplikatfreien Set lernen Sie, wie Sie Daten sinnvoll strukturieren und mit ihnen arbeiten können. Dieses Wissen bildet die Grundlage für die Entwicklung komplexer Programme, die mit realen Daten umgehen. Von einfachen Auflistungen bis hin zu verschachtelten Datensätzen und Mengenoperationen.

4.1 Listen

> **Definition**

Eine **Liste** ist eine geordnete Sammlung von Elementen (wie Zahlen, Zeichenketten, Listen, Dictionaries, Tupel oder Sets), die nicht zwingend miteinander in Beziehung stehen müssen. Listen werden durch eckige Klammern *[element1, element2,...]* dargestellt, wobei die Elemente durch Kommata getrennt sind. Jedes Element in der Liste ist einem Index zugeordnet, wobei die Indizes beginnend bei 0 in aufsteigender Reihenfolge nummeriert sind.

Durch die Verwendung von Variablen können wir Inhalte in einem Platzhalter speichern und sie an beliebigen Stellen im Code nutzen. Allerdings kann jede Variable nur einen einzigen Wert speichern. Doch was, wenn wir viele Werte, wie zum Beispiel die Vornamen aller Kursteilnehmer, speichern wollen? Würde das bedeuten, dass für jeden einzelnen Vornamen eine eigene Variable angelegt werden muss? Das wäre unpraktisch

© Der/die Autor(en), exklusiv lizenziert an
Springer Fachmedien Wiesbaden GmbH, ein Teil von Springer Nature 2026
Y. Can, *Grundlagen der Python-Programmierung*,
https://doi.org/10.1007/978-3-658-51437-2_4

und unübersichtlich. Dieses Problem lässt sich durch Listen lösen, die es ermöglichen, mehrere Werte in einer einzigen Struktur zu speichern – eine Art Speicher für viele Daten.

```
1  vorname1 = 'Hans'
2  vorname2 = 'Ahmad'
3  vorname3 = 'Ricarda'
4  vornamen = ['Hans', 'Ahmad', 'Ricarda']
5  print(vornamen)
```

4.1.1 Listen und Index

Eine Liste besteht aus keinem oder mindestens einem Element. Jedes Element ist einem Index zugeordnet, über den es angesprochen werden kann. Die Indizierung beginnt bei 0 und setzt sich in aufsteigender Reihenfolge fort. In unserem Beispiel wird das Element 'Ricarda' durch den Index [2] referenziert. Das letzte Element einer Liste kann auch mit [-1] angesprochen werden, das vorletzte Element mit [-2] und so weiter.

```
1  vornamen = ['Hans', 'Ahmad', 'Ricarda']
2  print(vornamen[2])
```

Der Inhalt einer Liste kann geändert werden, indem ein Element an einer bestimmten Position über seinen Index überschrieben wird. In unserem Beispiel wird das Element 'Ricarda' durch 'Nele' ersetzt.

```
1  vornamen = ['Hans', 'Ahmad', 'Ricarda']
2  vornamen[2] = 'Nele'
3  print(vornamen)
```

Gewünschte Listenelemente können in einem *f*-String über ihren Index aufgerufen werden, wie im Beispiel gezeigt.

```
1  vornamen = ['Hans', 'Ahmad', 'Ricarda']
2  erg = f"Student/in {vornamen[2].title()} ist fertig"
3  print(erg)
```

Mithilfe der *del*-Funktion und einer Indexzahl kann ein Element dauerhaft aus der Liste entfernt werden.

```
1  vornamen = ['Hans', 'Ahmad', 'Ricarda']
2  del vornamen[2]
3  print(vornamen)
```

4.1.1.1 Listenlänge

Die Länge einer Liste, also die Anzahl der darin enthaltenen Elemente, kann mit der Funktion *len(liste)* ermittelt werden.

```
liste1 = ['Hans', 43, 'Ricarda', 'name', 7]
erg = len(liste1)
print(erg)
```

4.1.1.2 Listen generieren

Es gibt verschiedene Möglichkeiten, eine Liste zu erstellen. Im Folgenden sind einige dieser Methoden aufgeführt:

- durch Eintrag von Elementen: Der Code erstellt eine Liste namens *zahlList*, die die Zahlen 1,2,3,4,5,8 enthält, und gibt diese Liste anschließend mit *print()* aus.

```
zahlList = [1,2,3,4,5,8]
print(zahlList)
```

- als Objekt der Klasse *list*: In diesem Beispiel wird die Liste *zahlList* mithilfe der Funktion *list()* erstellt. Obwohl die Liste auch ohne die Verwendung von *list()* direkt erstellt werden kann, ist dies eine alternative Methode, die besonders nützlich ist, wenn man sicherstellen möchte, dass das Argument in eine Liste umgewandelt wird.

```
zahlList = list([1,2,3,4,5,8])
print(zahlList)
```

- mittels der Methode *range(von, bis, step)*: In diesem Beispiel wird die Liste *zahlList* mithilfe der *range()*-Funktion erstellt, die eine Sequenz von Zahlen erzeugt. Die Parameter *range(20, 2, -2)* geben an, dass die Sequenz bei 20 beginnt, bis zur Zahl 2 (exklusive) geht und in Schritten von -2 abnimmt.

```
zahlList = list(range(20,2,-2))
print(zahlList)
```

- über die Eingabefunktion *input()*: In diesem Beispiel wird die Liste *zahlList* mit der Funktion *input()* erstellt, die es dem Benutzer ermöglicht, eine Eingabe zu machen. Der *input()*-Befehl liest die Benutzereingabe als Zeichenkette ein, und die Funktion *list()* wandelt diese Zeichenkette in eine Liste von einzelnen Zeichen um.

```
zahlList = list(input('Liste: '))
print(zahlList)
```

Die Möglichkeiten zur Erstellung einer Liste sind nicht auf diese vier Beispiele begrenzt. Es gibt viele weitere Methoden, um Listen zu erzeugen und zu manipulieren, je nach den Anforderungen des Programms.

4.1.2 Slicing von Listen

Slicing *liste[start:end]* erlaubt es, einen bestimmten Teilbereich einer Liste, eines Tupels, einer Zeichenkette oder eines anderen iterierbaren Objekts auszuwählen.

- **start**: Der Startindex (einschließlich), bei dem das Slicing beginnt.
- **end**: Der Endindex (ausschließlich), bis zu dem das Slicing reicht.

In diesem nachfolgenden Beispiel wird die Liste *liste1* verwendet, und mittels Slicing *[2:5]* wird ein Teil der Liste extrahiert. Der Slicing-Bereich *[2:5]* wählt die Elemente ab dem Index 2 (einschließlich) bis zum Index 5 (ausschließlich) aus. Das bedeutet, dass die Elemente an den Indizes 2, 3 und 4 in die neue Liste *erg* kopiert werden.

```
liste1 = ['Hans', 43, 'Ricarda', 'Paul', 'Anna', 'Ahmad', 'Li']
erg = liste1[2:5]
print(erg)
```

Zudem kann Slicing mit *liste[:]* verwendet werden, um eine Liste vollständig zu kopieren. In diesem Fall wird die gesamte Liste ausgewählt, indem keine Start- oder Endindizes angegeben werden. Dadurch wird eine neue Liste erstellt, die alle Elemente der ursprünglichen Liste enthält, jedoch als eigenständige Kopie vorliegt.

```
liste1 = ['Hans', 43, 'Ricarda', 'Paul', 'Anna', 'Ahmad', 'Li']
liste2 = liste1[:]
print(liste1)
print(liste2)
```

4.1.3 Elemente einer Liste ausgeben

Durch die Verwendung einer *for*-Schleife kann der Inhalt der Liste ausgegeben werden. In diesem Beispiel wird die Liste *liste1* durch eine *for*-Schleife durchlaufen. Für jedes Element in der Liste wird das Element mit dem *print()*-Befehl ausgegeben. *for*-Schleifen werden in den folgenden Kapiteln noch ausführlich behandelt, jedoch greifen wir hier schon bereits darauf zu.

```
liste1 = ['Hans', 43, 'Ricarda', 'Paul', 'Anna', 'Ahmad', 'Li']

for i in liste1:
    print(i)
```

4.1.4 Übersicht der Methoden für Listen

In Tabelle 4.1 ist eine Auswahl von Methoden aufgeführt, die zur Bearbeitung von Listen genutzt werden können. Diese Methoden werden in den folgenden Abschnitten im Detail erklärt.

Tabelle 4.1 Methoden für Listen

Methode	Beschreibung
append()	Element hinzufügen am Ende der Liste
insert()	Element einfügen
pop()	löscht den Eintrag aus der Liste des übergebenen Index und liefert dessen Inhalt als Rückgabewert
remove()	löscht den Eintrag aus der Liste
sort()	sortiert die Liste in gewünschter Form
reverse()	umgekehrte Darstellung der Liste
index()	nach Element suchen und zugehörigen Index ausgeben
extend()	Erweitern um aller Einträge einer anderen Liste
clear()	Löscht alle Einträge der Liste
copy()	Erstellt eine Kopie der Liste
count()	Ausgabe Anzahl der vorhandenen Listeneinträge

4.1.4.1 Methode: *append()*

Die Methode *liste.append(element)* fügt ein neues Element am Ende der bestehenden Liste hinzu. In diesem Beispiel wird die Methode *append()* verwendet, um das Element 'zusatz' an das Ende der Liste *liste1* anzuhängen. Die Methode *append()* verändert die Liste direkt und gibt *None* zurück, daher hat die Variable *erg* keinen Wert, aber die Liste selbst wird aktualisiert.

```python
liste1 = ['Hans', 43, 'Ricarda', 'name', 7]
erg = liste1.append('zusatz')
print(liste1)
```

4.1.4.2 Methode: *insert()*

Mit der Methode *liste.insert(index, element)* wird das gewünschte Element an der angegebenen Position in der Liste eingefügt, basierend auf dem angegebenen Index.

```python
vornamen = ['Hans', 'Ahmad', 'Ricarda']
vornamen.insert(1, 'Sabine')
print(vornamen)
```

In diesem Beispiel wird die Methode *insert()* verwendet, um das Element 'Sabine' an der Position mit dem Index 1 in die Liste *vornamen* einzufügen. Dadurch wird der Wert

'Sabine' an der zweiten Position in der Liste platziert, während die anderen Elemente entsprechend nach hinten verschoben werden.

4.1.4.3 Methode: *pop()*

Der letzte Eintrag einer Liste wird mit der Methode *liste.pop()* entfernt, bleibt jedoch weiterhin verfügbar, da das Element nicht endgültig gelöscht wird und einer anderen Variable zugewiesen werden kann. Zusätzlich kann durch Angabe eines Indexwertes *n* in *variable.pop(n)* ein bestimmtes Element aus der Liste entnommen werden.

```
vornamen = ['Hans', 'Ahmad', 'Ricarda']
print(vornamen)
erg = vornamen.pop(1)
print(vornamen)
print(erg)
```

In diesem Beispiel wird die Methode *pop(1)* verwendet, um das Element mit dem Index 1 aus der Liste *vornamen* zu entfernen. Gleichzeitig gibt *pop()* das entfernte Element zurück, das dann in der Variablen *erg* gespeichert wird. Anschließend werden die aktualisierte Liste und das entfernte Element ausgegeben.

4.1.4.4 Methode: *remove()*

Die Methode *liste.remove(element)* entfernt das angegebene Element aus der Liste. Wenn das Element mehrfach vorhanden ist, wird nur das erste Vorkommen gelöscht.

```
vornamen = ['Hans', 'Ahmad', 'Ricarda']
vornamen.remove('Hans')
print(vornamen)
```

In diesem Beispiel wird die Methode *remove()* verwendet, um das Element 'Hans' aus der Liste *vornamen* zu entfernen. Die Methode *remove()* sucht nach dem ersten Vorkommen des angegebenen Werts und entfernt ihn aus der Liste.

4.1.4.5 Methode: *sort()*

Das Sortieren einer Liste, die einheitliche Elementtypen enthält, erfolgt mit der Methode *liste.sort()*. Dabei werden die Elemente alphabetisch sortiert: zuerst Zahlen und Operatoren, dann Großbuchstaben, gefolgt von Kleinbuchstaben. Um die Liste in umgekehrter Reihenfolge zu sortieren, kann der Parameter *reverse=True* verwendet werden: *liste.sort(reverse=True)*. Der Standardwert ist *False*, wodurch die normale Sortierung erfolgt. Dieser Parameter kann daher weggelassen werden, wenn keine umgekehrte Sortierung gewünscht ist. Hier wird die Liste direkt modifiziert.

```
1  liste1 = ['Hans', 'Ricarda', 'Paul', 'Sabine', 'Ahmad', 'Li']
2  liste1.sort(reverse=True)
3  print(liste1)
```

4.1.4.6 Methode: *sorted()*

Mit der Methode *sorted(liste)* wird die Liste sortiert, ohne die ursprüngliche Reihenfolge
der Elemente zu verändern. Die Methode gibt eine neue sortierte Liste zurück, während
die Originalliste unverändert bleibt.

```
1  liste1 = ['Hans', 'Ricarda', 'Paul', 'Sabine', 'Ahmad', 'Li']
2  print(liste1)        # Originale Liste
3  print(sorted(liste1)) # Sortierte Liste
4  print(liste1)        # Originale Liste bleibt unverändert
```

In diesem Beispiel wird die Funktion *sorted()* verwendet, um die Liste *liste1* zu
sortieren. Die Funktion *sorted()* gibt eine neue sortierte Liste zurück, verändert jedoch
die ursprüngliche Liste nicht. Dies bedeutet, dass nach der Verwendung von *sorted()*
sowohl die sortierte als auch die ursprüngliche, unsortierte Liste ausgegeben wird.

4.1.4.7 Methode: *reverse()*

Mit der Methode *liste.reverse()* wird die Liste in umgekehrter Reihenfolge sortiert und
direkt geändert. In dem folgenden Beispiel wird die Methode *reverse()* verwendet, um
die Reihenfolge der Elemente in der Liste *liste1* umzukehren. Die Methode *reverse()*
ändert die Liste direkt und gibt nichts zurück.

```
1  liste1 = ['Hans', 43, 'Ricarda', 'Paul', 'Anna', 'Ahmad', 'Li']
2  liste1.reverse()
3  print(liste1)
```

Eine alternative Möglichkeit, die Liste umzukehren, ist das Verwenden von Slicing:
liste[::-1]. Dabei wird eine neue, umgekehrte Liste erzeugt, ohne die ursprüngliche Liste
zu verändern.

```
1  liste1 = ['Hans', 43, 'Ricarda', 'Paul', 'Anna', 'Ahmad', 'Li']
2  erg = liste1[::-1]
3  print(erg)
```

4.1.4.8 Methode: *index()*

Die Methode *liste.index(element)* gibt den Index des ersten Vorkommens des gesuchten
Elements *element* in der Liste zurück.

```
1 liste1 = ['Hans', 43, 'Ricarda', 'name', 7]
2 erg = liste1.index('name')
3 print(erg)
```

In diesem Beispiel wird die Methode *index()* verwendet, um den Index des Elements 'name' in der Liste *liste1* zu ermitteln. Die Methode gibt den Index des ersten Vorkommens des gesuchten Elements zurück.

4.1.4.9 Methode: *extend()*

Die Methode *liste.extend()* erweitert eine Liste um die Elemente einer anderen Liste oder eines iterierbaren Objekts. Im Gegensatz zur Methode *variable.append()*, bei der eine Liste als einzelnes Element angehängt wird, fügt *extend()* jedes Element der anderen Liste einzeln hinzu.

```
1 liste1 = ['Hans', 43, 'Ricarda']
2 liste2 = ['Paul', 'Sabine', 'Ahmad', 'Li']
3 liste1.extend(liste2)
4 print(liste1)
```

In diesem Beispiel wird die Methode *extend()* verwendet, um die Liste *liste2* an die Liste *liste1* anzuhängen. Die Methode *extend()* fügt die Elemente der zweiten Liste einzeln zur ersten Liste hinzu und verändert dabei die erste Liste direkt.

4.1.5 Operationen mit Listen

4.1.5.1 Listen an Listen anhängen

Zusätzliche Listen können mit der Additionsoperation (+) an bestehende Listen angehängt werden, wie im folgenden Beispiel gezeigt.

```
1 vornamen = ['Hans', 'Ahmad', 'Ricarda']
2 vornamen += ['Paul', 'Sabine']
3 print(vornamen)
```

Auch das Verketten von zwei oder mehr Listen ist mithilfe der Addition möglich.

```
1 liste1 = ['Hans', 43, 'Ricarda']
2 liste2 = ['Paul', 'Sabine', 'Ahmad', 'Li']
3 erg = liste1 + liste2
4 print(erg)
```

Der Einsatz des Additionsoperators ermöglicht das Erweitern einer Liste, indem verschiedene Elemente zu einer neuen, zusammengeführten Liste kopiert werden.

```python
1  liste1 = []
2
3  element1 = 'Eintrag'
4  liste1 += [element1]
5  print(liste1)
6
7  element1 = 'Eintrag2'
8  liste1 += [element1]
9  print(liste1)
```

4.1.5.2 Mehrfache Liste

Durch das Multiplizieren einer Liste mit einer Zahl z wird die Liste um das z-fache vervielfacht, wobei die Elemente der Liste entsprechend oft wiederholt werden.

```python
1  liste1 = ['Hans', 43, 'Ricarda']
2  erg = liste1 * 2
3  print(erg)
```

4.1.5.3 Methode: *zip()*

Die Methode *zip()* kann verwendet werden, um Elemente verschiedener Listen mit demselben Index zusammenzuführen. Im Beispiel wird in der ersten Iteration der Schleife das Element mit Index 0 aus *liste1*, *liste2* und *liste3* gemeinsam ausgegeben. Mit jeder weiteren Iteration wird der Index um 1 erhöht und die entsprechenden Elemente der nächsten Positionen werden zusammengeführt.

```python
1  liste1 = ['a', 'b','c']
2  liste2 = ['A','B', 'C']
3  liste3 = ['1', '2','3']
4
5  for x,y,z in zip(liste1,liste2,liste3):
6      print(x, 'gehoert mit', y, 'zur Gruppe', z )
```

4.1.6 Listennotation

for-Schleifen werden zwar in den folgenden Kapiteln ausführlich behandelt, jedoch sollte an dieser Stelle die Listen-Notation unbedingt erwähnt werden. Bei der Arbeit mit Listen in Kombination mit einer *for*-Schleife kann eine erweiterte und kompakte Schreibweise verwendet werden. Das folgende Beispiel zeigt, wie dieser Programmierstil zur Reduzierung von Codezeilen bei der Verwendung von *for*-Schleifen genutzt werden kann, indem eine kompakte und übersichtliche Notation für Listen verwendet wird.

```python
quadrat = []
for i in range(1,11):
    quadrat.append(i**2)
print(quadrat)

# hier Codereduziereung durch Listennotation
quadrat2 = [i**2 for i in range(1,11)]
print(quadrat2)
```

In diesem Beispiel wird der Variablen *quadrat* zunächst eine leere Liste zugewiesen. Mithilfe der nachfolgenden *for*-Schleife wird über die Werte von 1 bis 10 iteriert, wobei bei jeder Iteration das Quadrat der aktuellen Variablen *i* berechnet und an die Liste *quadrat* angehängt wird. Nach Abschluss der Schleife wird die Liste ausgegeben. Diese drei Zeilen Code können mithilfe der Listennotation auf eine einzige Zeile reduziert werden.

In dieser optimierten Form wird eine neue Variable, hier *quadrat2*, deklariert und gleichzeitig eine Liste erstellt, in der das Quadrat von *i* und die *for*-Schleife direkt integriert sind. Diese eine Zeile Code erfüllt dieselbe Funktion wie die drei Zeilen zuvor. Die Verwendung der Listennotation ist vorteilhaft, da sie den Code kompakter und übersichtlicher macht, was zu einem eleganteren Programmierstil führt.

4.1.7 Matrizen

> **Definition**

Eine **Matrix** ist eine Liste von Listen, deren Elemente Zahlen sind. Jede innere Liste stellt eine Zeile der Matrix dar, und alle Zeilen haben die gleiche Anzahl von Elementen, wodurch die Matrix eine einheitliche Struktur aufweist.

Dazu ein Beispiel einer Matrix, die aus drei Listen (Zeilen), die jeweils drei Elemente enthalten, besteht.

```python
matrix1 = [[1, 0, 6],[-1,3,0],[0,-4,1]]
```

Wer sich eingehend mit dem mathematischen Aufbau einer Matrix beschäftigen möchte, sollte in entsprechender Fachliteratur zur Mathematik nachlesen. In diesem Abschnitt wird ausschließlich der programmiertechnische Umgang mit Matrizen behandelt.

Indexierung von Matrizen

Mithilfe von Indexierung *matrix[Zeile][Spalte]* können Elemente aus einer verschachtelten Liste ausgewählt werden, indem die Indexwerte der äußeren und der inneren

Liste entsprechend angegeben werden. Wie im Beispiel gezeigt, wird mit *matrix1[2][1]* zunächst die Liste in der 2. Zeile (Index 2), also *[0, -4, 1]*, ausgewählt. Anschließend wird das Element an der Spalte 1 (Index 1) aus dieser Liste extrahiert, in diesem Fall *-4*.

```
1  matrix1 = [[1, 0, 6],[-1,3,0],[0,-4,1]]
2  print(matrix1[2][1])
```

Die Indizierung ermöglicht es außerdem, ein bestimmtes Element gezielt zu ändern.

```
1  matrix1 = [[1, 0, 6],[-1,3,0],[0,-4,1]]
2  matrix1[2][1] = 63
3  print(matrix1)
```

In diesem Beispiel haben wir eine Matrix, die als Liste von Listen in Python dargestellt wird. Die Matrix *matrix1* besteht aus drei Zeilen, wobei jede Zeile eine Liste darstellt. Das Element in der dritten Zeile (Index 2) und der zweiten Spalte (Index 1) wird auf den Wert 63 geändert. Danach wird die gesamte Matrix ausgegeben.

4.2 Tupel

Eine weitere Form strukturierter Daten ist das Tupel.

> Definition

Ein **Tupel** ist im Gegensatz zu Listen unveränderbar (immutable). Die Elemente eines Tupels werden in runden Klammern notiert:
tupel = ('element1', 'element2', ...).
Tupel werden verwendet, wenn der Inhalt fest bleiben soll, wie zum Beispiel bei Koordinatenpunkten, die im gesamten Code nicht geändert werden dürfen. Auch bei einem Tupel kann jedes Element über seinen Index-Wert angesprochen werden.

Im unteren Beispiel wird ein Tupel namens *punkt1* mit den Werten (5, 10) erstellt. Da Tupel, ähnlich wie Listen, indizierbar sind, können die einzelnen Elemente über ihren Index angesprochen werden. Mit *print(punkt1[0])* wird der Wert des ersten Elements (5) ausgegeben, und mit *print(punkt1[1])* wird der Wert des zweiten Elements (10) ausgegeben. Da Tupel unveränderbar sind, können die Werte der Elemente nicht nachträglich geändert werden.

```
1  punkt1 = (5,10)
2  print(punkt1[0])
3  print(punkt1[1])
```

Ein Tupel ist unveränderbar, was bedeutet, dass seine Elemente nach der Erstellung nicht mehr über den Index-Wert verändert werden können. Versucht man dennoch, eine Neuzuweisung über den Index vorzunehmen, führt dies zu einem Fehler. Genau aus diesem Grund sind Tupel ideal, wenn Daten nicht verändert werden sollen. Wenn also sichergestellt werden muss, dass der Inhalt unveränderlich bleibt, sollten Tupel verwendet werden.

Im folgenden Beispiel wird ein Tupel namens *punkt1* mit den Werten (5, 10) erstellt. Der Versuch, den ersten Wert des Tupels mit *punkt1[0] = 14* zu ändern, wird jedoch fehlschlagen, da Tupel unveränderbar (immutable) sind. Dies führt zu einer Fehlermeldung, da eine Neuzuweisung von Werten über den Index bei Tupeln nicht erlaubt ist. Die darauffolgenden *print*-Befehle würden in diesem Fall nicht ausgeführt, da das Programm aufgrund der Fehlermeldung abbricht.

```
1  punkt1 = (5,10)
2  punkt1[0] = 14
3  print(punkt1[0])
4  print(punkt1[1])
```

4.2.1 Tupel ändern

Wenn man den Inhalt eines Tupels ändern möchte, ist es nicht möglich, einzelne Elemente direkt zu manipulieren, da Tupel unveränderbar sind. Stattdessen kann das gesamte Tupel überschrieben werden, indem man ihm eine neue Wertzuweisung gibt.

Im folgenden Beispiel wird das Tupel *punkt1* zunächst mit den Werten (5, 10) erstellt. Durch die Zeile *punkt1 = (15, 10)* wird das Tupel komplett überschrieben, sodass nun die Werte (15, 10) gespeichert sind. Die darauffolgenden *print*-Befehle geben dann die neuen Werte des Tupels aus, also 15 und 10.

```
1  punkt1 = (5,10)
2  punkt1 = (15,10)
3  print(punkt1[0])
4  print(punkt1[1])
```

4.2.2 Zugriff auf Tupel-Inhalt

Der Zugriff auf den Inhalt eines Tupels kann entweder über den Index-Wert oder durch Slicing erfolgen. Mit dem Index-Wert kann man direkt auf einzelne Elemente zugreifen, während Slicing verwendet werden kann, um mehrere Elemente eines Tupels auszuwählen. Beim Zugriff über den Index gibt man die Position des gewünschten Elements an, beginnend bei 0.

```
1  tupel = ('value1', 'value2', 'value2')
2  erg = tupel[1]
3  print(erg)
```

Slicing ermöglicht das Extrahieren eines Bereichs von Elementen, indem Start-
und Endpositionen angegeben werden. Slicing gibt dabei ein neues Tupel mit den
ausgewählten Elementen zurück.

```
1  tupel = ('value1', 'value2', 'value3', 'value4')
2  erg = tupel[1:4]
3  print(erg)
```

4.2.3 Übersicht der Methoden für Tupel

Die Übersicht der in einem Tupel verfügbaren Methoden kann mithilfe des Befehls
print(dir(tuple)) abgefragt werden. Dieser Befehl zeigt alle Methoden und Attribute, die
mit der Tupel-Datenstruktur verbunden sind.

4.2.3.1 Methode: *count()*

Eine nützliche Methode ist *tupel.count(element)*, mit der die Anzahl eines bestimmten
Elements *element* im Tupel ermittelt wird. Diese Methode zählt, wie oft das angegebene
Element in dem Tupel vorkommt.

```
1  tupel = ('value1', 'value2', 'value3', 'value2')
2  erg = tupel.count('value2')
3  print(erg)
```

In diesem Beispiel wird *value2* zweimal im Tupel gefunden, daher gibt *count()* den
Wert 2 zurück.

4.2.3.2 Methode: *index()*

Die Methode *tupel.index(element)* gibt den Index des ersten Vorkommens des gesuchten
Elements *element* im Tupel zurück. Wenn das Element mehrfach im Tupel vorkommt,
wird nur der Index des ersten Auftretens ausgegeben.

```
1  tupel = ('value1', 'value2', 'value3', 'value2')
2  erg = tupel.index('value3')
3  print(erg)
```

In diesem Beispiel liefert *index()* den Wert 2, da das Element *value3* zum ersten Mal
an der Position 2 vorkommt.

4.3 Dictionary (Wörterbuch)

> **Definition**

Ein **Dictionary** ist eine weitere Form strukturierter Daten, die in Python verwendet wird. In anderen Programmiersprachen sind Dictionaries auch als Hashes oder assoziative Arrays bekannt. Jeder Eintrag in einem Dictionary besteht aus einem Schlüssel-Wert-Paar (Key-Value Pair). Im Folgenden werden die englischen Begriffe verwendet. Ein Dictionary ist also eine Sammlung von Key-Value-Paaren. Anders als bei Listen erfolgt der Zugriff auf die Werte nicht über Indizes, sondern über die jeweiligen Schlüssel.

Dictionary ist eine weitere Form strukturierter Daten, mit der in Python gearbeitet werden kann. In anderen Programmiersprachen sind Dictionaries als Hashes oder assoziative Arrays bekannt. Jeder Eintrag in einer Dictionary ist ein Paar von Informationen, und zwar ein Schlüssel:Werte Paar oder Key:Value Paar (engl.). Für das Weitere werden die englischen Begriffe verwendet. Ein Dictionary ist somit eine Sammlung von Key-Value-Paaren. Der Inhalt einer Dictionary kann nicht wie bei Listen über einen Index angesprochen werden. Der Wert wird über den Schlüsselbegriff gefunden.

```
1 dictionary = {'dog':'Hund', 'cat':'Katze', 'cow':'Kuh'}
2 print(dictionary['dog'])
3 print(dictionary['cat'])
```

In diesem Beispiel wird ein Dictionary namens *dictionary* erstellt, das Paare von Schlüssel-Wert-Zuordnungen enthält. Hier sind die englischen Tiernamen (als Schlüssel) den entsprechenden deutschen Übersetzungen (als Werte) zugeordnet.

4.3.1 Zugriff auf Dictionary

4.3.1.1 Value hinzufügen

Das Hinzufügen eines neuen Key-Value-Paares in ein bestehendes Dictionary wird im folgenden Beispiel demonstriert:

```
1 dictionary = {'dog':'Hund', 'cat':'Katze', 'cow':'Kuh'}
2 dictionary['tier'] = 'tier2'
3
4 print(dictionary)
```

In diesem Beispiel wird ein neues Key-Value-Paar *'tier': 'tier2'* zu dem bestehenden Dictionary *dictionary* hinzugefügt. Dies wird einfach durch die Zuweisung *dictionary['tier'] = 'tier2'* erreicht. Das Dictionary enthält nach dem Hinzufügen den neuen Eintrag, ohne die bestehenden Einträge zu verändern.

Ein leeres Dictionary kann auf dieselbe Weise mit Key-Value-Paaren befüllt werden. Zunächst wird ein leeres Dictionary erstellt, und anschließend werden Key-Value-Paare hinzugefügt. Anschließend werden die Key-Value-Paare durch Zuweisung wie *dictionary['dog'] = 'Hund'* hinzugefügt. Das leere Dictionary wird so Schritt für Schritt mit Einträgen gefüllt.

```
1  dictionary = {}
2  dictionary['cat'] = 'Katze'
3  dictionary['dog'] = 'Hund'
4  print(dictionary)
```

4.3.1.2 Value ändern

Die Änderung eines Wertes in einem Dictionary erfolgt, indem man dem entsprechenden Key einen neuen Wert zuweist. Im folgenden Beispiel wird der Wert des Keys *'dog'* von *'Hund'* auf *'Hund2'* geändert.

Beispiel:

```
1  dictionary = {'dog':'Hund', 'cat':'Katze', 'cow':'Kuh'}
2  dictionary['dog'] = 'Hund2'
3
4  print(dictionary)
```

Der Wert für den Key *'dog'* wird durch die Zuweisung *dictionary['dog'] = 'Hund2'* geändert. Dadurch wird der ursprüngliche Wert *'Hund'* durch *'Hund2'* ersetzt, während die restlichen Einträge des Dictionaries unverändert bleiben.

4.3.1.3 Key-Value-Paar löschen

Das unwiderrufliche Löschen eines Key-Value-Paares aus dem Dictionary kann mit der Funktion *del* ausgeführt werden.

```
1  dictionary = {'dog':'Hund', 'cat':'Katze', 'cow':'Kuh'}
2  del dictionary['cow']
3
4  print(dictionary)
```

Mit dem Befehl *del dictionary['cow']* wird das Key-Value-Paar *'cow': 'Kuh'* unwiderruflich aus dem Dictionary entfernt. Das Dictionary enthält nach der Löschung nur noch die verbleibenden Key-Value-Paare.

4.3.1.4 Value auslesen

Ein Value wird über seinen zugehörigen Key aus dem Dictionary ausgelesen. Mit
dictionary['dog'] wird der Wert des Keys *'dog'* aus dem Dictionary ausgelesen und in
der Variablen *erg* gespeichert. Anschließend wird der ausgelesene Wert, in diesem Fall
'Hund', ausgegeben.

```python
dictionary = {'dog':'Hund', 'cat':'Katze', 'cow':'Kuh'}
erg = dictionary['dog']
print(erg)
```

Wenn ein nicht vorhandener Key in einem Dictionary abgefragt wird, führt dies
zu einem Fehler (KeyError). Dieser Fehler signalisiert, dass der eingegebene Key im
Dictionary nicht existiert.

```python
dictionary = {'dog':'Hund', 'cat':'Katze', 'cow':'Kuh'}
erg = dictionary['bike']
print(erg)
```

Um diesen Fehler zu vermeiden, kann die Methode *get()* verwendet werden. Sie gibt
None zurück, wenn der Key nicht existiert, anstatt einen Fehler auszulösen. Mit der
Methode *dictionary.get(key,alternativ)* wird die Fehlermeldung unterbunden. Für *key*
wird der gesuchte Key eingetragen, falls dieser nicht existiert, so wird anstelle einer
Fehlermeldung, die Eingabe für *alternative* ausgegeben. Mit der Methode *get()* wird ein
potenzieller Fehler vermieden und eine sichere Abfrage des Keys ermöglicht.

```python
dictionary = {'dog':'Hund', 'cat':'Katze', 'cow':'Kuh'}
erg = dictionary.get('bike','nichtvorhanden')
print(erg)
```

4.3.2 Übersicht der Methoden für Dictionary

In der Tabelle 4.2 ist eine Auswahl an Methoden zur Bearbeitung von Dictionaries
aufgelistet, die im Anschluss anhand von Beispielen erläutert werden. Diese Methoden
bieten vielfältige Möglichkeiten, ein Dictionary zu manipulieren und effizient mit seinen
Daten zu arbeiten.

Tabelle 4.2 Methoden für Dictionary

Methode	Beschreibung
keys()	Keys ansprechen
values()	Values ansprechen
items()	Key-Value-Paare ansprechen
setdefault)	Dictionary ergänzen

4.3.2.1 Methode: *keys()*

Die Methode *dictionary.keys()* gibt eine Ansicht aller Schlüssel (Keys) des Dictionaries zurück. Diese Schlüsselbegriffe können in einer Liste weiterverarbeitet werden, wenn nötig. Die Methode *dictionary.keys()* gibt eine Ansicht der im Dictionary enthaltenen Schlüssel zurück. Der Datentyp sieht wie eine Liste aus, muss aber erst bei Bedarf in eine Liste umgewandelt werden. Falls Sie eine echte Liste benötigst, kannst du die Schlüssel explizit in eine Liste umwandeln:

```
dictionary = {'dog':'Hund', 'cat':'Katze', 'cow':'Kuh'}
erg = dictionary.keys()
print(erg)

erg = list(dictionary.keys())
print(erg)
```

4.3.2.2 Methode: *values()*

Die Methode *dictionary.values()* gibt eine Ansicht aller Werte (Values) des Dictionaries zurück. Diese Werte können bei Bedarf in einer Liste weiterverarbeitet werden.

```
dictionary = {'dog':'Hund', 'cat':'Katze', 'cow':'Kuh'}
erg = dictionary.values()
print(erg)
```

4.3.2.3 Methode: *items()*

Die Methode *dictionary.items()* gibt eine Ansicht aller Key-Value-Paare des Dictionaries zurück. Diese Paare werden als Tupel in einer Liste dargestellt und können bei Bedarf weiterverarbeitet werden.

```
dictionary = {'dog':'Hund', 'cat':'Katze', 'cow':'Kuh'}
erg = dictionary.items()
print(erg)
```

4.3.2.4 Methode: *setdefault()*

Die Methode *dictionary.setdefault(key, value)* fügt ein neues Key-Value-Paar in das Dictionary ein, wenn der Key noch nicht existiert. Falls der Key bereits vorhanden ist, wird der vorhandene Wert zurückgegeben, und es erfolgt keine Änderung am Dictionary.

```python
dictionary = {'dog':'Hund', 'cat':'Katze', 'cow':'Kuh'}
erg = dictionary.setdefault('bike','Radl')
print(erg)

erg2 = dictionary.get('bike')
print(erg2)

erg3 = dictionary.setdefault('bike','Muell')
print(erg3)
```

In diesem Beispiel wird die Methode *setdefault()* verwendet, um einen neuen Key-Wert für *bike* hinzuzufügen, falls dieser Key noch nicht existiert. Wenn der Key bereits existiert, gibt die Methode den vorhandenen Wert zurück und verändert das Dictionary nicht. Da der Key *'bike'* nicht existiert, wird er mit dem Wert *'Radl'* hinzugefügt. Die Methode gibt den neuen Wert *'Radl'* zurück. Die Methode *get()* ruft den Wert des Keys *'bike'* ab, was *'Radl'* ist. Da der Key *'bike'* bereits existiert, gibt die Methode den bestehenden Wert *'Radl'* zurück und ändert nichts am Dictionary.

4.3.3 Dictionary und *for*-Schleife

Mithilfe einer *for*-Schleife und der Methode *items()* können alle Key-Value-Paare eines Dictionaries ausgegeben werden. Die Methode *items()* gibt eine Ansicht der Key-Value-Paare zurück, die in der *for*-Schleife durchlaufen werden können.

```python
dictionary = {'dog':'Hund', 'cat':'Katze', 'cow':'Kuh'}

for key, value in dictionary.items():
    print(f"\n{key}: {value}")
```

Mithilfe einer *for*-Schleife und der Methode *keys()* können nur die Keys eines Dictionaries ausgegeben werden. Auf ähnliche Weise können mit der Methode *values()* nur die Values ausgegeben werden.

```python
dictionary = {'dog':'Hund', 'cat':'Katze', 'cow':'Kuh'}

for key in dictionary.keys():
    print(f"\n{key}")
```

Ähnlich wie bei der Methode *keys()* können mit der Methode *values()* in einer *for*-Schleife alle Werte (Values) eines Dictionaries ausgegeben werden.

```python
dict1 = { 'O-saft':1.15, 'A-saft':0.90,\
          'M-saft':2.05, 'B-saft':1.95,\
          'K-saft':3.14}

for i in dict1.values():
    print(i)
```

4.3.3.1 Keys sortiert ausgeben

Mit der verschachtelten Verwendung von *sorted()* und *keys()* können die Keys eines Dictionaries in alphabetischer Reihenfolge sortiert und ausgegeben werden. Die Methode *sorted()* sortiert die Keys alphabetisch, und *keys()* gibt die Schlüssel des Dictionaries zurück. In der *for*-Schleife werden die sortierten Keys ausgegeben.

```python
dict1 = {'O-saft':1.15, 'A-saft':0.90,'M-saft':2.05,\
        'B-saft':1.95, 'K-saft':3.14}


for i in sorted(dict1.keys()):
    print(i, dict1[i])
```

4.3.3.2 Values einmal ausgeben

Mit der verschachtelten Verwendung der *set()*-Funktion und *values()* werden die Values eines Dictionaries in eine Menge (*set*) konvertiert. Da Mengen keine Duplikate enthalten, werden mehrfach vorkommende Werte automatisch auf ein einziges Exemplar reduziert. In diesem Fall kommt der Wert *1.15* zweimal vor, wird aber in der Menge nur einmal aufgeführt.

```python
dict1 = {'O-saft':1.15, 'A-saft':0.90,'M-saft':2.05,\
            'B-saft':1.95, 'K-saft':3.14}

for i in set(dict1.values()):
    print(i)
```

4.3.3.3 Dictionaries in Listen

Dictionaries können in einer Liste abgelegt werden, um eine strukturierte Sammlung von Dictionaries zu erstellen. Dies ist nützlich, wenn du mehrere Datensätze speichern und darauf zugreifen möchtest.

```python
art1 = {'farbe': 'rot', 'preis': 4}
art2 = {'farbe': 'gelb', 'preis': 7}
art3 = {'farbe': 'gruen', 'preis': 3}

arts =[art1, art2, art3]
print(arts)

for art in arts:
    print(art)
```

In diesem Beispiel werden mehrere Dictionaries (*art1*, *art2*, *art3*) in einer Liste (*arts*) gespeichert. Anschließend werden die Inhalte dieser Liste sowohl als Ganzes als auch einzeln in einer Schleife ausgegeben.

4.3.3.4 Listen in Dictionaries

Auch umgekehrt ist ebenfalls möglich, dass Listen als Werte in einem Dictionary verwendet werden, insbesondere wenn ein Key mehrere zugehörige Werte hat. Dies ermöglicht eine flexible Datenstruktur, in der ein Key auf eine Liste von Elementen verweist.

```python
personen = {
        'Hans': ['rot', 30, 'München'],
        'Sabine': ['blau', 25, 'Berlin'],
        'Paul': ['grün', 35, 'Hamburg']
        }

for name, details in personen.items():
  print(f"Name: {name}, Details: {details}")
```

In diesem Beispiel wird das Dictionary *personen* verwendet, in dem die Namen als Keys und Listen mit Details (Lieblingsfarbe, Alter, Wohnort) als Werte gespeichert sind. Mithilfe einer *for*-Schleife werden die Key-Value-Paare durchlaufen und ausgegeben.

4.3.3.5 Dictionary in Dictionary

Es ist möglich, ein Dictionary innerhalb eines anderen Dictionaries zu verschachteln. Dies ermöglicht es, komplexere Datenstrukturen zu erstellen, in denen ein Key auf ein weiteres Dictionary verweist, das wiederum eigene Keys und Values enthält.

```python
personen = {
        'Hans': {
          'farbe': 'rot',
          'alter': 30,
          'stadt': 'München'
          },
        'Sabine': {
          'farbe': 'blau',
          'alter': 25,
          'stadt': 'Berlin'
          },
        'Paul': {
          'farbe': 'grün',
          'alter': 35,
          'stadt': 'Hamburg'
          }
        }
for name, details in personen.items():
  print(f"Name: {name}")
  for key, value in details.items():
    print(f"  {key}: {value}")
```

In diesem Beispiel wird für jede Person (Key) ein weiteres Dictionary gespeichert, das die Details wie Lieblingsfarbe, Alter und Stadt enthält. Mit der ersten *for*-Schleife wird durch das äußere Dictionary *personen* iteriert, um den Namen der Person und das zugehörige Dictionary (Details) zu erhalten. Die zweite *for*-Schleife durchläuft dann das verschachtelte Dictionary (Details), um die einzelnen Key-Value-Paare der Details auszugeben. Diese Struktur ist besonders nützlich, wenn du hierarchische oder verschachtelte Daten wie Informationen über Personen, Produkte oder andere komplexe Datensätze speichern möchtest.

4.3.4 Anwendungsbeispiel

Um die Häufigkeit der einzelnen Buchstaben in einem gegebenen Satz (Zeichenkette) zu ermitteln, kannst man ein Dictionary verwenden, um die Buchstaben als Keys und ihre Häufigkeiten als Values zu speichern. Hier ist ein Beispiel, wie das umgesetzt werden kann:

```
satz = 'In diesem Satz sollen alle Buchstaben gezaehlt werden'
anzahlBst = {}
for b in satz:
    anzahlBst[b] = anzahlBst.get(b,0) + 1

#print(anzahlBst) #alphabetische Reihenfolge
erg = list(anzahlBst.keys())
erg.sort()

for a in erg:
    print(a,':', anzahlBst[a])
```

In diesem Code wird die Häufigkeit jedes Buchstabens in einem Satz gezählt und anschließend die Buchstaben alphabetisch sortiert ausgegeben. Der Satz wird durchlaufen, und die Häufigkeit jedes Buchstabens wird im Dictionary *anzahlBst* gezählt. Die Methode *get(b, 0)* sorgt dafür, dass der Standardwert 0 verwendet wird, wenn der Buchstabe noch nicht im Dictionary vorhanden ist. Die Liste der Keys (Buchstaben) wird alphabetisch sortiert. Anschließend wird die sortierte Liste durchlaufen und die Häufigkeit jedes Buchstabens ausgegeben. In der Ausgabe wird auch das Leerzeichen mitgezählt, was bedeutet, dass du Leerzeichen entfernen kannst, wenn du nur Buchstaben zählen möchtest.

Zunächst wird ein leeres Dictionary generiert. In der ersten Schleife erfolgt die Iteration der Länge des Satzes nach. Dabei werden die Buchstaben in die Dictionary mit der *get(b,0)* abgelegt. Mit *anzahlBst[b]* wird der iterierende Buchstabe als Key aufgefasst und mit *get()* in die Dictionary abgelegt. Existiert der Key *b* noch nicht, so wird eine 0 dafür generiert, der dann der Wert 1 addiert wird. Somit erreichen wir eine Zählerstart bei 1. Nach und nach werden alle Buchstaben als Key durchforstet. In den danach folgenden Zeilen erfolgt das Ablegen der Keys aus der gefüllten Dictionary in eine Liste. Eine weitere Schleife gibt anschließend den Listeninhalt von oben nach unten aufgelistet als Key-Value-Paare aus.

4.4 Set (Mengen)

Set ist eine Datenstruktur, die auf dem Konzept der Mengenlehre basiert. Ein Set ist eine ungeordnete Sammlung von einzigartigen Elementen, d. h., jedes Element kommt nur einmal vor und die Reihenfolge der Elemente spielt keine Rolle.

In diesem Beispiel wird eine Menge (Set) namens *set1* erstellt. Die Elemente eines Sets können unterschiedliche Typen haben, wie in diesem Fall sowohl Zahlen als auch Zeichen.

```
set1 = {1, 5, 'A', 'B'}
```

Einige wichtige Eigenschaften von Sets in Python:

- Sets sind ungeordnet, d. h. die Elemente haben keine feste Reihenfolge.
- Sets erlauben keine Duplikate, jedes Element erscheint nur einmal.
- Auf die Elemente eines Sets kann nicht über Indizes zugegriffen werden, da sie ungeordnet sind.

Sets sind besonders nützlich, wenn du eine Sammlung eindeutiger Elemente verwalten möchtest, wie z.B. zur Entfernung von Duplikaten aus einer Liste. Ein Set ist eine ungeordnete Sammlung von Elementen, die zwar mehrfach in der Eingabe vorkommen können, aber in der Ausgabe auf einzigartige Elemente reduziert werden. Die Reihenfolge der Elemente wird dabei nicht beibehalten, da Sets keine feste Reihenfolge garantieren.

In dem nachfolgenden Beispiel wird ein Set namens *set1* erstellt. Da Sets in Python nur eindeutige Elemente speichern, werden Duplikate automatisch entfernt. Das bedeutet, dass jedes Element im Set nur einmal vorkommt, auch wenn es mehrmals hinzugefügt wurde.

```
set1 = {1, 1, 1, 5, 'A', 'B', 'B', 'B'}
print(set1)
```

4.4.1 Mengenoperation mit Sets

4.4.1.1 Schnittmenge

Die Schnittmenge, also die Menge an gemeinsamen Elementen aus zwei Sets, wird im folgenden Beispiel gezeigt. Die Schnittmenge enthält nur die Elemente, die in beiden Sets vorhanden sind (in diesem Fall 1, 2 und 5). Das Ergebnis wird als Set ausgegeben.

```
1  set1 = {1, 5, 3, 2}
2  set2 = {4, 2, 5, 1}
3
4  erg = set1 & set2
5  print(erg)
```

Das Zeichen & wird verwendet, um die Schnittmenge (auch als AND-Operation bekannt) zwischen zwei Sets zu berechnen.

4.4.1.2 Vereinigungsmenge

Die Vereinigung, also die Menge aller einzigartigen Elemente aus zwei Sets, wird im folgenden Beispiel gezeigt, in der die Vereinigung von *set1* und *set2* berechnet wird. Die Vereinigung enthält alle einzigartigen Elemente aus beiden Sets.

```
1  set1 = {1, 5, 3, 2}
2  set2 = {4, 2, 5, 1}
3
4  erg = set1 | set2
5  print(erg)
```

Die Vereinigung der beiden Sets *set1* und *set2* enthält alle Elemente aus beiden Sets, wobei Duplikate entfernt werden. In diesem Fall sind das die Elemente 1, 2, 3, 4 und 5. Der Operator — wird verwendet, um die Vereinigung von zwei Sets zu berechnen.

4.4.1.3 Differenzmenge

Die Differenz zweier Sets wird berechnet, indem alle Elemente des ersten Sets (Minuend), die auch im zweiten Set (Subtrahend) vorhanden sind, entfernt werden. Die verbleibenden Elemente bilden die Differenzmenge.

```
1  set1 = {1, 5, 3, 2}
2  set2 = {4, 2, 5, 1}
3
4  erg = set1 - set2
5  print(erg)
```

In diesem Beispiel wird die Differenzmenge zwischen *set1* und *set2* berechnet. Die Differenz enthält die Elemente, die nur in *set1*, aber nicht in *set2* vorhanden sind. Die Differenzmenge *set1* - *set2* enthält nur das Element 3, da alle anderen Elemente (1, 5, 2) sowohl in *set1* als auch in *set2* vorkommen und daher entfernt werden. Der Operator - entfernt alle gemeinsamen Elemente zwischen den beiden Sets und gibt die übrig gebliebenen Elemente aus *set1* zurück.

4.4.1.4 Symmetrische Differenz

Die Symmetrische Differenz (Antivalenz) zweier Sets ergibt ein Set, das nur die Elemente beider Sets enthält, die jeweils nur in einem der Sets vorkommen. Die gemeinsamen Elemente werden ausgeschlossen. Der Operator ^ wird verwendet, um die Symmetrische Differenz zwischen zwei Sets zu berechnen.

```
set1 = {1, 5, 3, 2}
set2 = {4, 2, 5, 1}

erg = set1 ^ set2
print(erg)
```

In diesem Beispiel wird die Symmetrische Differenz zwischen *set1* und *set2* berechnet. Die Symmetrische Differenz enthält die Elemente, die entweder in *set1* oder *set2*, aber nicht in beiden vorkommen. Die Symmetrische Differenz *set1^set2* enthält die Elemente, die nur in einem der beiden Sets vorkommen, aber nicht in beiden. In diesem Fall sind das die Elemente 3 und 4.

4.4.1.5 Teilmenge

Mit der Operation <= kann überprüft werden, ob ein Set eine Teilmenge eines anderen Sets ist. Die Ausgabe ist ein boolescher Wert (True oder False).

```
menge = {1, 5, 3, 2}
teilmenge = {5, 1}

erg = teilmenge <= menge
print(erg)
```

In diesem Beispiel wird überprüft, ob *teilmenge* eine Teilmenge von *menge* ist. Der Operator ⫏= prüft, ob alle Elemente von *teilmenge* in *menge* enthalten sind. Das Ergebnis wird als Boolean-Wert (*True* oder *False*) zurückgegeben. *teilmenge* enthält die Elemente *5* und *1*, die beide auch in *menge* vorhanden sind. Daher ist *teilmenge* eine Teilmenge von *menge*, und die Ausgabe ist *True*.

4.4.2 Übersicht der Methoden für Tupel

Neben den zuvor gezeigten logischen Operationen können dieselben mengenlehrebezogenen Berechnungen auch mithilfe vordefinierter Methoden durchgeführt werden (siehe Tabelle 4.3).

Tabelle 4.3 Mengenoperation mit Methoden

Methode	Operatoren	Beschreibung
intersection()	&	Durchschnitt
union()	—	Vereinigung
difference()	-	Differenzmenge
symmetric_difference()	^	Symmetrische Differenz

In dem nachfolgenden Beispiel wird die Anwendung der vordefinierten Methoden gezeigt. In diesem Codebeispiel werden verschiedene Mengenoperationen mithilfe der vordefinierten Methoden auf den Sets *set1* und *set2* durchgeführt.

```
set1 = {1, 5, 3, 2}
set2 = {4, 2, 5, 1}

erg1 = set1.intersection(set2)
erg2 = set1.union(set2)
erg3 = set1.difference(set2)
erg4 = set1.symmetric_difference(set2)
```

Die Ausgabe wird wie folgt aussehen:

```
Schnittmenge: {1, 2, 5}
Vereinigung: {1, 2, 3, 4, 5}
Differenz: {3}
Symmetrische Differenz: {3, 4}
```

Kapitel 5
Verzweigungen, Schleifen und Control Statements

Verzweigungen und Schleifen bilden das Rückgrat der Programmsteuerung in Python und ermöglichen es, Programme dynamisch und situationsabhängig zu agieren. Während Verzweigungen, also *if*-Bedingungen, *if-else*-Verzweigung und *if-elif-else*-Verzweigung, es erlauben, Teile eines Programms nur unter bestimmten Voraussetzungen auszuführen, sorgen Schleifen wie *while* und *for* für die Wiederholung von Codeblöcken. Mit der *for*-Schleife lassen sich Sequenzen wie Listen oder Zeichenketten effizient durchlaufen, während die *while*-Schleife Anweisungen so lange wiederholt, wie eine Bedingung erfüllt ist. Zusätzlich bieten Kontrollanweisungen (*Control Statements*) wie *break*, *continue* und *pass* die Möglichkeit, Schleifen gezielt zu unterbrechen, Iterationen zu überspringen oder Platzhalter zu setzen. Dieses Kapitel vermittelt die grundlegenden Kontrollstrukturen, die benötigt werden, um logische Abläufe zu modellieren, Daten iterativ zu verarbeiten und komplexe Programmlogik umzusetzen – von einfachen Entscheidungen bis hin zu verschachtelten Schleifen und Steuerungsmechanismen.

5.1 Verzweigungen

In der Tabelle 5.1 sind die unterschiedlichen Arten der *if*-Bedingung aufgeführt. Das bedeutet jedoch nicht, dass drei verschiedene Verzweigungsarten zur Auswahl stehen, sondern dass die Struktur der Verzweigung davon abhängt, ob eine oder mehrere Bedingungen in Bezug auf einen Zustand existieren. Ist nur eine Bedingung vorhanden, handelt es sich um eine einfache *if*-Bedingung. Gibt es jedoch eine Alternative, wird daraus eine *if-else*-Verzweigung. Falls mehrere Bedingungen vorliegen, wird die Struktur zu einer *if-elif-else*-Verzweigung erweitert.

5.1.1 Einfache *if*-Bedingung

Eine einfache *if*-Bedingung enthält einen logischen Ausdruck, wie z. B. Gleichheit (==), Ungleichheit (! =), Kleiner-/Größer-Vergleiche (<, >), oder Boole'sche Werte

© Der/die Autor(en), exklusiv lizenziert an
Springer Fachmedien Wiesbaden GmbH, ein Teil von Springer Nature 2026
Y. Can, *Grundlagen der Python-Programmierung*,
https://doi.org/10.1007/978-3-658-51437-2_5

Tabelle 5.1 Arten der *if*-Bedingung

Anweisung	Beschreibung
if	*if*-Bedingung aus Booleschem Ausdruck (TRUE, FALSE); gefolgt von einer oder mehreren Anweisungen
if-else	Auf eine *if*-Anweisung kann eine optionale *else*-Anweisung folgen, die ausgeführt wird, wenn der Boolesche Ausdruck FALSE ist.
if-elif-else	Zusammensetzung aus *if* + *else*; auf eine *if*-Anweisung kann eine *else*-Anweisung folgen, falls eine weitere Bedingung existiert
verschachtelte *if*	*if-else*-Anweisungen in einer *if-else*-Anweisung

$(True, False)$. Tritt die Bedingung ein, werden eine oder mehrere Anweisungen innerhalb dieser Verzweigung ausgeführt. Ist die Bedingung nicht erfüllt, läuft das Programm ohne Unterbrechung weiter, Zeile für Zeile, siehe Abbildung 5.1. Die Syntax einer *if*-Bedingung folgt dem Schema im rechten Teil. Nach dem *if*-Kommando wird unmittelbar die Bedingung notiert, gefolgt von einem Doppelpunkt und einem Zeilenumbruch. Die folgende Zeile wird eingerückt, und alle eingerückten Anweisungen gehören zu dieser Verzweigung. Falls mehrere Anweisungen programmiert werden, sind diese wie gewohnt untereinander zu schreiben, aber weiterhin eingerückt. Nach Abschluss der Anweisungen wird wieder zum ursprünglichen Einrückungsniveau des Programms zurückgekehrt, um mit dem weiteren Code fortzufahren.

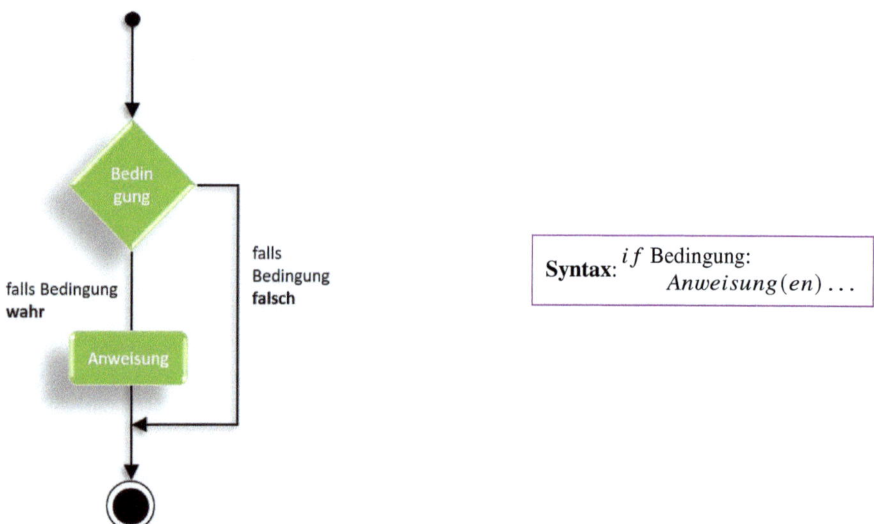

Abb. 5.1 Einscheidungsstruktur: einfache *if*-Verzweigung

In dem folgenden Beispiel wird der Variablen *variable* der Wert 20 zugewiesen. Sollte *variable* gleich 19 sein, werden innerhalb der *if*-Verzweigung zwei *print*-Anweisungen ausgeführt. Ist die Bedingung nicht erfüllt, wird die *print*-Anweisung außerhalb der Verzweigung ausgeführt.

```python
1  variable = 20
2
3  if variable==19:
4      print('Bedingungen vorhanden')
5      print(variable)
6
7  print("Was anderes")
8
9
10 if variable: print('so auch')
```

Einfache *if*-Anweisungen, die nur eine Anweisung enthalten, können auch auf einer einzigen Zeile geschrieben werden, ohne dass ein Zeilenumbruch nötig ist, wie in der folgenden Zeile 10 gezeigt.

5.1.2 *if-else*-Bedingungen

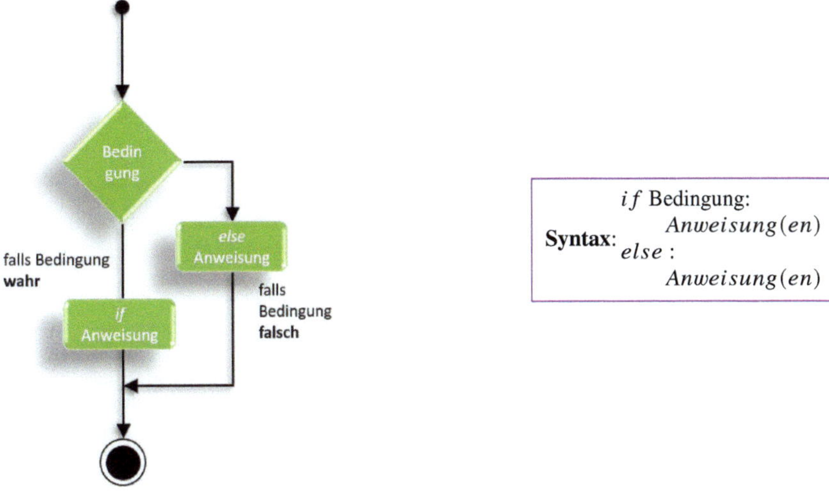

Abb. 5.2 Einscheidungsstruktur: *if-else*-Verzweigung

Eine *if-else*-Verzweigung ermöglicht es, auf den Fall zu reagieren, wenn die *if*-Bedingung nicht erfüllt ist. Die zugrunde liegende Logik lautet: „Falls Bedingung 1 wahr ist, führe eine Anweisung aus; falls sie nicht wahr ist, führe eine andere Anweisung aus." Dieser zweite Fall wird mit dem *else*-Befehl eingeleitet. Wie bei der *if*-Bedingung erfolgt nach dem *else* ein Doppelpunkt, der einen Zeilenumbruch erzwingt. In der eingerückten Zeile folgen dann die Anweisungen, die ausgeführt werden, falls die Bedingung nicht erfüllt ist. Die entsprechende Entscheidungsstruktur der *if-else*-Verzweigung wird links in Abbildung 5.2 dargestellt, während rechts die zugehörige Syntax abgebildet ist.

Das folgende Beispiel zeigt die Anwendung einer *if-else*-Verzweigung. Zunächst wird der Variablen *variable* ein Wert durch Benutzereingabe zugewiesen. Anschließend wird dieser Wert in einer *if-else*-Verzweigung geprüft.

```python
 1  variable = int(input("Eingabe: "))
 2
 3  if variable < 20:
 4      erg = variable*2
 5      print('doppelt', erg)
 6  else:
 7      erg = variable*3
 8      print('dreifach', erg)
 9
10  print("Fertig!")
```

Wenn der Wert kleiner als 20 ist, werden die Anweisungen innerhalb der *if*-Bedingung ausgeführt. Ist der Wert dagegen 20 oder größer, greift der *else*-Teil der Verzweigung, und die entsprechenden Anweisungen werden ausgeführt. Nach dem Ende der Verzweigung wird der Code in Zeile 10 weiter ausgeführt.

5.1.3 *if-elif-else*-Bedingung

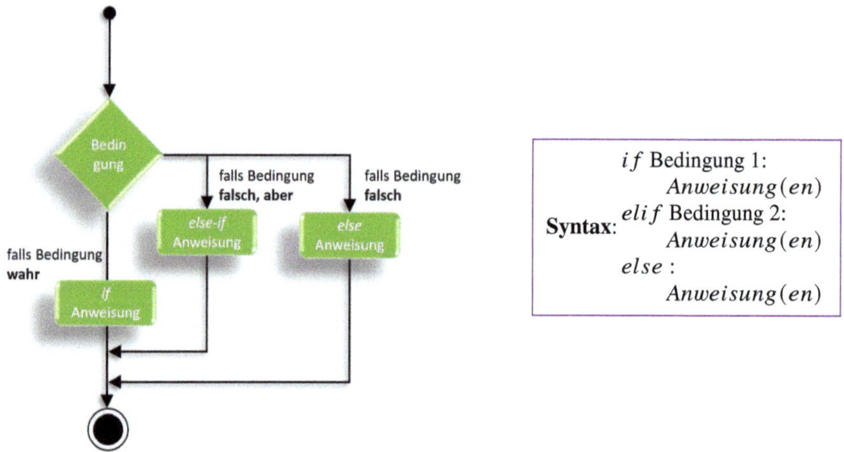

Abb. 5.3 Einscheidungsstruktur: *if-elif-else*-Bedingung

Eine eigenständige *elif*-Verzweigung existiert nicht. *elif* ist im Grunde eine Kombination aus *if* und *else*, wie sie in anderen Programmiersprachen vorkommt. In Python wird jedoch das spezielle Kommando *elif* verwendet, um eine zusätzliche Bedingung zu prüfen. *elif* wird eingesetzt, wenn in einem Programm mehr als eine Bedingung untersucht werden muss. Das bedeutet, dass nach einer ersten *if*-Bedingung weitere Bedingungen geprüft werden können, ohne dass man mehrere *if-else*-Blöcke verschachteln muss. Die entsprechende Syntax der *if-elif-else*-Verzweigung ist in Abbildung 5.3 dargestellt.

Ein Beispiel zur *if-elif-else*-Verzweigung kann das Verständnis erleichtern. In diesem Beispiel wird der Wert der Variablen *uhrzeit* durch Benutzereingabe festgelegt. Anschließend werden vier unterschiedliche Bedingungen geprüft, um die eingegebene Zeit mit bestimmten Zeitbereichen zu vergleichen. Je nachdem, welche der Bedingungen zutrifft, wird der entsprechende Text ausgegeben. Falls keine der Bedingungen erfüllt ist, wird der *else*-Zweig ausgeführt, und der Code in Zeile 12 gibt eine allgemeine Nachricht aus.

```python
uhrzeit = int(input("Eingabe: "))

if uhrzeit < 10:
    print('Guten Morgen')
elif uhrzeit < 18:
    print('Guten Tag')
elif uhrzeit < 21:
    print('Guten Abend')
elif uhrzeit < 24:
    print('Gute Nacht')
else:
    print('Was sagt man denn nach Mitternacht?')
```

5.1.4 Verschachtelte *if*-Anweisungen

Natürlich besteht die Möglichkeit, bei Bedarf mehrere *if*-Anweisungen zu verschachteln, wenn die Aufgabenstellung dies erfordert. Dies bedeutet, dass eine oder mehrere Bedingungen innerhalb einer bereits bestehenden Bedingung überprüft werden können. Mit einer verschachtelten *if*-Anweisung lassen sich komplexere Entscheidungsstrukturen abbilden, bei denen zusätzlich zu einer ersten Bedingung weitere Bedingungen innerhalb dieser geprüft werden. Die entsprechende Syntax einer verschachtelten *if*-Anweisung ist in Abbildung 5.4 dargestellt.

In dem zugehörigen Beispiel wird zunächst der Wert der Variablen *zahl* durch Benutzereingabe festgelegt. Anschließend wird überprüft, ob die Zahl gerade oder ungerade ist. Wenn es sich um eine gerade Zahl handelt, erfolgt ein weiterer Vergleich, ob die Zahl durch 3 teilbar ist, und je nach Ergebnis wird die entsprechende Anweisung ausgeführt. Im Fall einer ungeraden Zahl erfolgt eine ähnliche Verzweigung, bei der ebenfalls geprüft wird, ob die Zahl durch 3 teilbar ist. Nach Abschluss aller Bedingungen

```
    if Bedingung 1:
        Anweisung1
            if Bedingung 12:
                Anweisung12
            elif Bedingung 22:
                Anweisung22
            else :
                Anweisung32
    elif Bedingung 2:
        Anweisung2
    else :
        Anweisung3
```

Abb. 5.4 Syntax: verschachtelte *if*-Anweisungen

wird der *print*-Befehl in Zeile 15 ausgeführt, der unabhängig von den vorherigen Bedingungen ist.

```
1  zahl = int(input("Eingabe: "))
2
3  if zahl%2 == 0:
4      if zahl%3 == 0:
5          print("teilbar durch 2 und 3")
6      else:
7          print("teilbar durch 2, aber nicht 3")
8
9  else:
10     if zahl%3 == 0:
11         print("teilbar durch 3, aber nicht 2")
12     else:
13         print("nicht teilbar durch 2 und 3")
14
15 print("fertig!")
```

Diese Struktur zeigt, wie verschachtelte *if*-Verzweigungen verwendet werden können, um unterschiedliche Fälle und Bedingungen effizient zu prüfen und zu behandeln.

5.2 Schleifen

Mithilfe einer Schleife können Anweisungen wiederholt ausgeführt werden, bis eine festgelegte Bedingung erfüllt ist. Solange die Schleifenbedingung wahr ist, wird der Code innerhalb der Schleife immer wieder ausgeführt. Sobald die Bedingung nicht mehr gilt, wird die Schleife beendet, und das Programm springt aus der Schleife heraus, um den restlichen Programmablauf fortzusetzen, falls weitere Anweisungen vorhanden sind (siehe Abbildung 5.5).

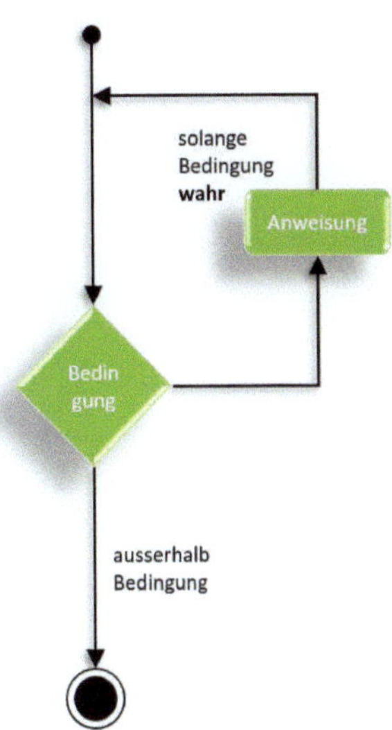

Abb. 5.5 Einscheidungsstruktur: Schleifen

Schleifen in Python lassen sich in zwei Haupttypen unterteilen, die *while*-Schleife und die *for*-Schleife, wie in der folgenden Tabelle 5.2 aufgelistet.

Tabelle 5.2 Schleifen-Typen

Schleifen-Typ	Beschreibung
while	Wiederholt eine/mehrere Anweisung/en, während eine bestimmte Bedingung WAHR ist.
for	Führt eine Folge von Anweisungen mehrmals aus

- *while*-Schleife: Diese Schleife wiederholt einen Codeblock, solange eine bestimmte Bedingung wahr ist. Sobald die Bedingung falsch wird, endet die Schleife.
- *for*-Schleife: Diese Schleife wird verwendet, um eine Sequenz (wie Listen, Strings, oder Bereiche) zu durchlaufen. Sie wiederholt den Codeblock für jedes Element der Sequenz.

Beide Schleifenarten haben unterschiedliche Anwendungsfälle und sind wesentliche Werkzeuge in der Programmierung.

5.2.1 *while*-Schleife

Die erste hier vorzustellende Schleife ist die *while*-Anweisung. Eine *while*-Anweisung (Abbildung 5.6) enthält eine Bedingung und mindestens eine Anweisung, die eingerückt geschrieben werden muss. Solange die Bedingung erfüllt ist, wird der Codeblock der

Anweisung wiederholt ausgeführt. Sobald die Bedingung nicht mehr erfüllt ist, wird die Schleife verlassen, und der nachfolgende Code wird ausgeführt.

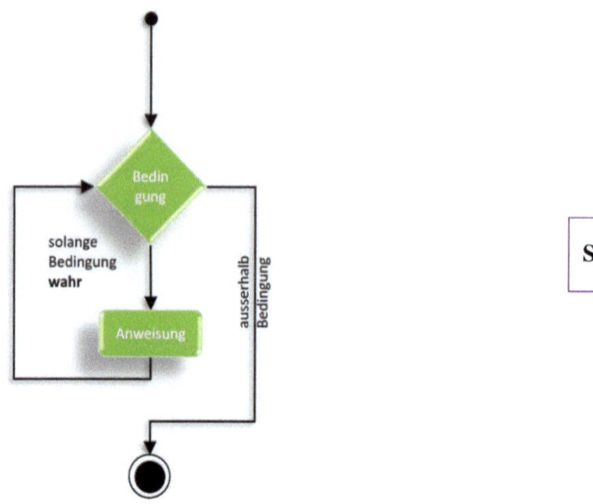

Syntax: *while* Bedingung:
           Anweisung(en)

Abb. 5.6 Einscheidungsstruktur: *while*-Schleife

Im folgenden Beispiel wird die Variable *zaehler* auf 0 gesetzt. Die Anweisungen innerhalb der *while*-Schleife werden so lange wiederholt, wie die Bedingung der Schleife gültig ist. Sobald die Bedingung nicht mehr erfüllt ist, wird die Schleife verlassen und der nachfolgende Code, in diesem Fall die Zeile 5, ausgeführt. In diesem Beispiel wird der Wert der Variablen *zaehler* von 0 ausgehend inkrementiert, bis der Wert 11 erreicht wird. Die *while*-Schleife läuft so lange, wie die Bedingung *zaehler ¡ 11* erfüllt ist.

```
1  zaehler = 0
2  while zaehler < 11:
3    print(zaehler)
4    zaehler = zaehler + 1
5  print("Durchgezaehlt")
```

Wenn die Bedingung in einer Schleife immer wahr (*TRUE*) bleibt und nie falsch (*FALSE*) wird, gelangt das Programm in eine Endlosschleife. Das bedeutet, dass die Schleife nie endet, weil die Bedingung niemals verletzt wird. Im folgenden Beispiel wird die Variable *zaehler* auf 0 gesetzt, und die Schleifenbedingung überprüft, ob *zaehler == 0* ist. Da *zaehler* im Schleifenblock nie verändert wird, bleibt die Bedingung immer wahr, was zu einer Endlosschleife führt.

```
1  zaehler = 0
2  while zaehler == 0:
3      zahl = int(input("Eingabe: "))
4      print("Deine Eingabe war: ", zahl)
5
6  print("Fertig!")
```

In diesem Beispiel wird die Schleife so lange ausgeführt, wie die Bedingung *zaehler == 0* erfüllt ist. Da der Wert von *zaehler* innerhalb der Schleife nicht verändert wird, bleibt die Bedingung immer wahr, was zu einer Endlosschleife führt.

In der Schleife wird der Benutzer immer wieder aufgefordert, eine Zahl einzugeben. Die Eingabe wird ausgegeben, und danach beginnt die Schleife erneut. Da die Bedingung unverändert bleibt, endet die Schleife nie, und der nachfolgende *print*-Befehl *"Fertig!"* wird nie ausgeführt.

5.2.2 *while-else*-Anweisung

In Python ist es möglich, eine *while-else*-Anweisung zu verwenden. Bei dieser Struktur wird der *else*-Block ausgeführt, sobald die Bedingung der *while*-Schleife falsch wird und die Schleife beendet ist. Wenn die Schleife ohne ein *break*-Kommando verlassen wird, wird die Anweisung unter *else* ausgeführt. Der *else*-Block wird jedoch nicht ausgeführt, wenn die Schleife durch ein *break*-Kommando vorzeitig abgebrochen wird.

Die entsprechende Syntax ist Abbildung 5.7 zu entnehmen.

$$
\textbf{Syntax:} \quad \begin{array}{l} while \text{ Bedingung:} \\ \qquad Anweisung(en) \\ else : \\ \qquad Anweisung(en) \end{array}
$$

Abb. 5.7 Syntax: *while-else*-Schleife

Hier ist ein Beispiel, das die Anwendung einer *while-else*-Anweisung zeigt. In diesem Beispiel wird ein Zähler (*zaehler*) von 0 bis 4 hochgezählt, und wenn die Schleifenbedingung nicht mehr erfüllt ist, wird der *else*-Block ausgeführt.

```python
zaehler = 0

while zaehler < 5:
    print(zaehler, " ist kleiner 5")
    zaehler = zaehler + 1
else:
     print(zaehler, " ist nicht kleiner 5")

print("Fertig!")
```

Die Schleife wird ausgeführt, solange die Bedingung *zaehler < 5* erfüllt ist. Bei jedem Durchlauf wird der aktuelle Wert von *zaehler* und dem Text *"ist kleiner 5"* ausgegeben und um 1 erhöht. Sobald *zaehler* den Wert 5 erreicht, ist die Schleifenbedingung nicht mehr erfüllt, und die Schleife endet. Dann wird der *else*-Block ausgeführt, der die Nachricht *"ist nicht kleiner 5"* ausgibt. Nach der Schleife wird das Programm mit der letzten Zeile, dem *print*-Befehl *"Fertig!"* fortgesetzt.

Falls die *while*-Schleife nur aus einer einzigen Anweisung besteht, kann die Bedingung und die Anweisung in Python in eine Zeile geschrieben werden. Dies ist eine Vereinfachung, die Python bietet, um den Code kompakter zu gestalten. Diese Vereinfachung sollte nur verwendet werden, wenn der Code sehr einfach ist, da er die Lesbarkeit des Programms verringern kann. In komplexeren Fällen ist es besser, die Bedingung und die Anweisungen getrennt und übersichtlich in mehreren Zeilen zu schreiben.

```python
zahl = 1
while (zahl): print ('deine Zahl')
print("Bye Bye")
```

In diesem Beispiel wird die *while*-Schleife mit der Bedingung *while (zahl)* verwendet. Da die Variable *zahl* auf 1 gesetzt ist und jede nicht-null Zahl in Python als wahr (*True*) gilt, wird die Bedingung immer wahr sein und eine Endlosschleife erzeugen.

5.2.3 *for*-Schleife

Neben der *while*-Schleife ist noch die *for*-Schleife vorhanden. Sie dient zur Iteration über eine Sequenz von Objekten. Die Sequenz bleibt unverändert. Solange die Iteration durchläuft wird der Block an Befehlen wiederholt. Nach Ende der Iteration wird die Schleife verlassen und der nachfolgende Code berücksichtigt (siehe Abbildung 5.8).

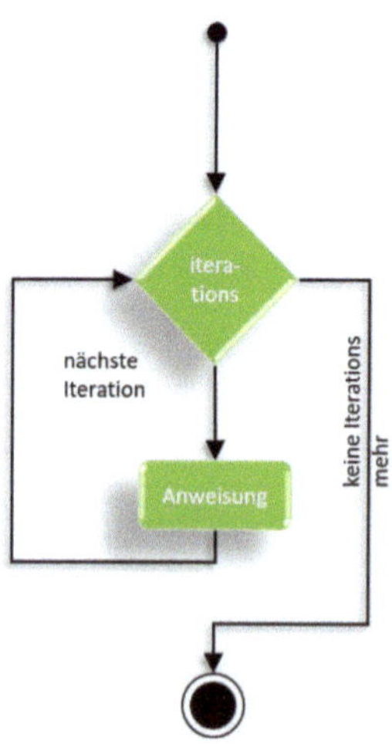

Syntax: *for* Iterator *in* Sequenz:
          Anweisung(en)

Abb. 5.8 Einscheidungsstruktur: *for*-Schleife

Im dazugehörigen Beispiel ist eine Liste mit drei Elementen der Variablen *vorname* zugewiesen. Diese Liste dient als Sequenz, die in der *for*-Schleife mit der Iterationsvariable *i* durchlaufen wird. In jeder Iteration wird ein Element der Liste *vorname* der Variablen *i* zugewiesen, und die entsprechenden Anweisungen werden ausgeführt. Sobald alle Elemente der Liste durchlaufen sind, wird die Schleife verlassen, und der Code nach der Schleife, in diesem Fall Zeile 8, wird ausgeführt.

```python
vornamen = ['Hans', 'Ahmad', 'Ricarda']
nummer = 0

for i in vornamen:
    print(nummer, i)
    nummer += 1

print("Ende for-Schleife")
```

5.2.4 *for*-Schleife und *range()*

Mit der Methode *range()*, die in einem vorherigen Kapitel vorgestellt wurde, können Sequenzen von Zahlen erstellt werden, die sich wie Listen verhalten. Diese Methode wird häufig in Verbindung mit *for*-Schleifen verwendet, um Schleifen mit einer festgelegten Anzahl von Durchläufen zu erstellen oder um Listen von Zahlen zu generieren.

Die Funktion *range()* kann auf verschiedene Arten verwendet werden:

- **range(stop)**: Erzeugt eine Sequenz von 0 bis *stop* (exklusiv).
- **range(start, stop)**: Erzeugt eine Sequenz von *start* bis *stop* (exklusiv).
- **range(start, stop, step)**: Erzeugt eine Sequenz von *start* bis *stop* (exklusiv) mit einem Schrittwert *step*.

In diesem Beispiel wird die Methode *range()* verwendet, um eine Sequenz von Zahlen zu erzeugen, und diese wird anschließend mit der Methode *list()* in eine Liste umgewandelt.

```python
werte = list(range(3))
print(werte)
```

Die *range()*-Funktion kann direkt als Sequenz in einer *for*-Schleife verwendet werden. Dadurch wird der Iterator über eine festgelegte Zahlensequenz laufen. In dem folgenden Beispiel durchläuft der Iterator den Bereich *[0, 1, 2]* und führt in jeder Iteration die Anweisungen im Schleifenblock aus.

```python
for durchgang in range(3):
    print(durchgang)
```

Auch eine Kombination aus *range( )* und *len( )* kann ebenfalls als Sequenz in einer *for*-Schleife verwendet werden. Mit *len( )* wird die Länge einer Liste ermittelt, und dieser Wert wird dann als Parameter für *range( )* verwendet. Der Iterator *i* durchläuft somit die Indizes der Liste, und in jeder Iteration wird der entsprechende Codeblock ausgeführt.

```python
vornamen = ['Hans', 'Ahmad', 'Ricarda']
nummer = 0

for i in range(len(vornamen)):
    print(vornamen[i])

print("Ende for-Schleife")
```

5.2.5 *for*-Schleife mit *if*-Anweisung

Eine Verschachtelung von Schleifen und *if*-Abfragen ist möglich und wird häufig verwendet, um komplexere Logik zu implementieren. In diesem Beispiel wird über eine Liste iteriert, und innerhalb der Schleife erfolgt eine *if*-Abfrage, die einen bestimmten Wert überprüft. Wenn dieser Wert auftaucht, werden die Anweisungen der *if*-Abfrage ausgeführt.

Bei der Erstellung solcher Verschachtelungen ist es sehr wichtig, die Einrückung korrekt vorzunehmen, da diese in Python die Struktur des Programms bestimmt. Alle Anweisungen, die zu einer Schleife oder Bedingung gehören, müssen entsprechend eingerückt werden.

```python
vornamen = ['Hans', 'Ahmad', 'Ricarda']
nummer = 0

for i in vornamen:
    if i == "Ricarda":
        print("OK")
    else:
        print(nummer, i)
        nummer += 1

print("Ende for-Schleife")
```

5.2.6 *for*-Schleife und *enumarate()*

Mit der Methode *enumerate( )* kannst du nicht nur über eine Sequenz iterieren, sondern auch einen Zähler erhalten, der die Anzahl der Schleifendurchläufe anzeigt. Dieser Zähler kann jedem iterierten Wert zugeordnet werden. Dies ist besonders nützlich, wenn man sowohl auf die Elemente einer Sequenz als auch auf deren Indizes zugreifen möchtest.

```python
vornamen = ['Hans', 'Ahmad', 'Ricarda']
for nr, i in enumerate(vornamen):
  print(nr, i)
```

5.2.7 Verschachtelte *for*-Schleifen

Es ist möglich, eine *for*-Schleife in eine andere *for*-Schleife zu verschachteln, was besonders nützlich ist, wenn du mit zwei oder mehr Dimensionen oder verschachtelten Strukturen arbeiten musst, wie zum Beispiel bei Matrizen. Das korrekte Einrücken ist dabei entscheidend, um die Struktur der Schleifen und ihre Abhängigkeiten zu wahren.

Der Parameter *end=' '* in der *print( )*-Funktion sorgt dafür, dass nach der Ausgabe von k ein Leerzeichen (oder ein anderes gewünschtes Zeichen) eingefügt wird, anstatt einen Zeilenumbruch zu erzeugen. Dies ist besonders hilfreich, wenn du mehrere Werte in derselben Zeile ausgeben möchtest.

```python
for i in range(1,11):
    for j in range(1,11):
        k = i*j
        print (k, end=' ')
    print()
```

In diesem Beispiel werden zwei *for*-Schleifen verschachtelt, um das kleine Einmaleins von 1 bis 10 zu berechnen. Die äußere Schleife läuft über die Werte von 1 bis 10, und die innere Schleife berechnet das Produkt von i und j. Der Wert von k, das Produkt von i und j, wird dann in derselben Zeile ausgegeben. Nach jeder vollständigen Zeile (nach der inneren Schleife) wird ein Zeilenumbruch hinzugefügt.

5.3 Control Statements

In Python gibt es verschiedene Kontrollanweisungen (Control Statements), die sowohl in Schleifen als auch in *if*-Verzweigungen verwendet werden können, um den Ablauf eines Programms zu steuern. Diese Anweisungen ermöglichen es, bestimmte Anweisungen zu überspringen oder den Ablauf der Schleife bzw. der Verzweigung zu unterbrechen. Zu den gängigsten Kontrollanweisungen gehören, die in Tabelle 5.3 aufgelisteten.

Tabelle 5.3 Verschiedene Kontrollanweisungen

Control Statements	Beschreibung
brake	Bricht eine Schleife vollständig ab und springt direkt zum Code nach der Schleife.
continue	überspringt und geht an die aktuelle Schleifenbedingung über
pass	*Null*-Anweisung; Macht nichts und wird als Platzhalter verwendet. Es ermöglicht das Schreiben von Code, der später vervollständigt werden soll, ohne dass eine Syntaxfehler ausgelöst wird.

5.3.1 Control Statement: *break*

Der Befehl *break* sorgt für das vorzeitige Beenden der aktuellen Schleife. Er kann sowohl in einer *while*-Schleife als auch in einer *for*-Schleife verwendet werden. Sobald der *break*-Befehl ausgeführt wird, wird die Schleife sofort beendet, und das Programm springt zur nächsten Anweisung außerhalb der Schleife (siehe Abbildung 5.10).

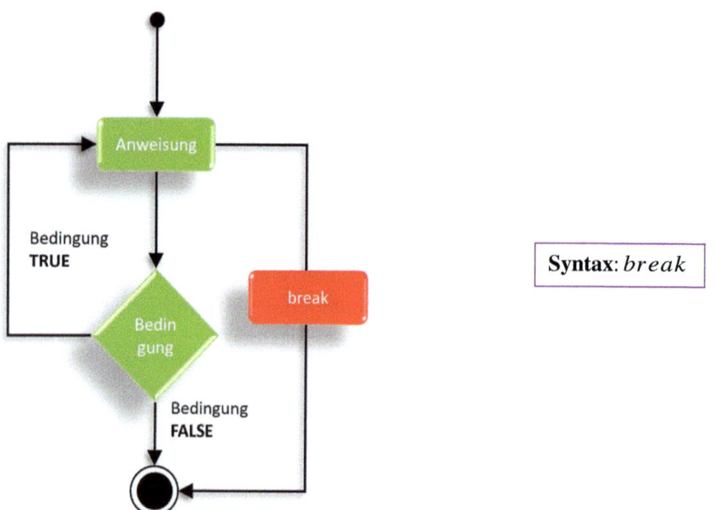

Abb. 5.9 Einscheidungsstruktur: *break*-Schleife

Im ersten Beispiel durchläuft der Iterator die Zeichenkette *Python*. Wenn der Buchstabe *h* erreicht wird, so wird der Schleifendurchlauf beendet. In diesem Beispiel zeigt man zwei verschiedene Anwendungsfälle des *break*-Befehls, einmal in einer *for*-Schleife und einmal in einer *while*-Schleife. Der *break*-Befehl wird verwendet, um den Schleifendurchlauf vorzeitig zu beenden, sobald eine bestimmte Bedingung erfüllt ist. Die *while*-Schleife läuft, solange *var* größer als 0 ist. Bei jedem Schleifendurchlauf wird der Wert von *var* um 1 verringert. Sobald *var* den Wert 5 erreicht, wird die Schleife durch den *break*-Befehl beendet, obwohl die Bedingung *var ¿ 0* weiterhin wahr ist. Danach wird der Text *"Bye Bye!"* ausgegeben.

```python
for buchstabe in 'Python': #Bsp 1
   if buchstabe == 'h':
      break
   print ('aktueller Buchstabe:', buchstabe)

var = 10                   #Bsp 2
while var > 0:
   print ('aktueller Wert:', var)
   var = var -1
   if var == 5:
      break
print ("Bye Bye!")
```

In zweiten Beispiel wird der *break*-Befehl verwendet, um die Schleife vorzeitig zu beenden, sobald der Wert des Durchlaufs *durchgang* 7 erreicht. Bis dahin wird der aktuelle Durchgangswert ausgegeben. Wenn der Wert 7 erreicht wird, wird die Nachricht *"abbruch"* ausgegeben, und die Schleife wird durch den *break*-Befehl abgebrochen. Nach der Schleife wird die Nachricht *"ende schleife"* ausgegeben.

```python
for durchgang in range(10):
  if durchgang == 7:
    print("abbruch")
    break
  print(durchgang)
print("ende schleife")
```

5.3.2 Control Statement: *continue*

Der Befehl *continue* sorgt dafür, dass der aktuelle Durchlauf der Schleife übersprungen wird, und der Schleifenablauf direkt zur nächsten Iteration fortgesetzt wird. Er ist sowohl in *while-* als auch in *for*-Schleifen einsetzbar. Wenn der *continue*-Befehl ausgeführt wird, werden die nachfolgenden Anweisungen im aktuellen Durchlauf übersprungen, und die Schleife beginnt mit dem nächsten Durchlauf.

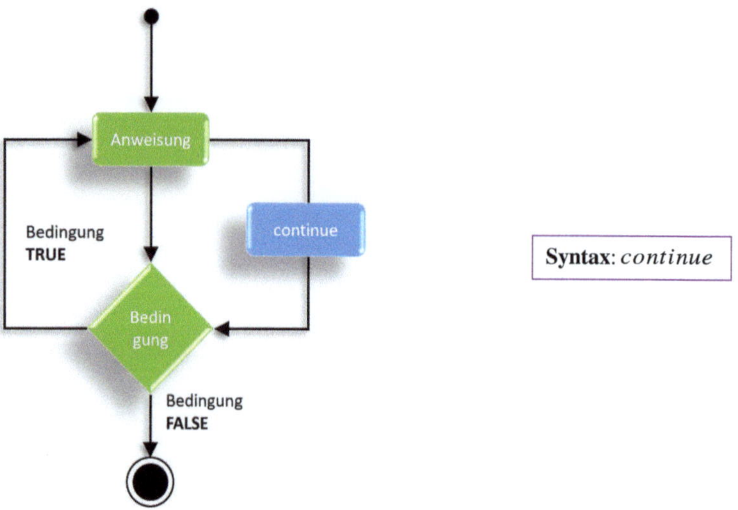

Abb. 5.10 Einscheidungsstruktur: *continue*-Schleife

Im ersten Beispiel durchläuft der Iterator die Zeichenkette *Python*. Wenn der Buchstabe *h* erreicht wird, so wird der Schleifendurchlauf übersprungen. Der Buchstabe *h* wird nicht ausgegeben. In diesemn Beispiel wird der *continue*-Befehl verwendet, um bestimmte Durchläufe der Schleife zu überspringen.

```
for buchstabe in 'Python':        #Bsp1
    if buchstabe == 'h':
        continue
    print ('aktueller Buchstabe:', buchstabe)

var = 10                          #Bsp 2
while var > 0:
    var = var -1
    if var == 5:
        continue
    print ('aktueller Wert:', var)
print ("Bye Bye!")
```

Ähnlich ist die Anwendung von *continue* in dem darauf folgenden zweiten Beispiel. In diesem Beispiel wird die *continue*-Anweisung verwendet, um alle ungeraden Zahlen während der Schleife zu überspringen. Die Schleife läuft über den Bereich *range(10)*, also von 0 bis 9, und gibt nur die geraden Zahlen aus.

```
for durchgang in range(10):
  if durchgang%2 == 1:
     continue
  print(durchgang)
print("ende schleife")
```

5.3.3 Statement: *pass*

Das Kommando *pass* ist eine Nulloperation, was bedeutet, dass es keine Aktion ausführt.
Es wird häufig als Platzhalter verwendet, wenn der Programmcode noch nicht vollständig
ist oder wenn eine Anweisung vorübergehend leer bleiben soll. Das *pass*-Kommando
sorgt dafür, dass der Code syntaktisch korrekt bleibt, ohne dass tatsächlich eine Operation
ausgeführt wird.

```python
for buchstabe in 'Python':
    if buchstabe == 'h':
        pass
        print ('Ein Pass Block')
    print ('aktueller Buchstabe:', buchstabe)
```

In diesem Beispiel wird das *pass*-Kommando verwendet, wenn der Buchstabe *'h'*
erreicht wird. Obwohl *pass* keine Operation ausführt, wird es als Platzhalter verwendet,
und der Code wird syntaktisch korrekt ausgeführt. Zusätzlich wird die Nachricht *'Ein
Pass Block'* ausgegeben, sobald der Buchstabe *'h'* erreicht wird.

Kapitel 6
Funktionen

Funktionen sind wesentliche Bausteine strukturierter Programmierung, die Code in wiederverwendbare, logisch abgeschlossene Einheiten gliedern. Sie ermöglichen nicht nur eine bessere Lesbarkeit und Wartbarkeit von Programmen, sondern auch die effiziente Vermeidung von Redundanzen. In diesem Kapitel werden die Grundlagen der Funktionsdefinition und ihre Verwendung in Python behandelt. Vom Aufbau einer Funktion mit Parametern und Rückgabewerten über fortgeschrittene Konzepte wie variable Argumentanzahl ($*args$, $**kwargs$) bis hin zu lokalen und globalen Variablen, Rekursion, Lambda-Funktionen und der Erstellung eigener Module. Darüber hinaus werden Verkettung und Verschachtelung von Funktionen sowie deren Einsatz als Argumente vorgestellt, um modularen und flexiblen Code zu schreiben. Dieses Wissen befähigt dazu, komplexe Probleme in überschaubare Teilaufgaben zu zerlegen und saubere, wiederkehrende Lösungen zu implementieren.

6.1 Grundlagen von Funktionen

> **Definition**

Eine **Funktion** in einem Programm ist ein in sich geschlossener Codeblock, der gezielt aufgerufen werden kann, wenn er benötigt wird. Funktionen dienen dazu, den Code übersichtlicher und effizienter zu gestalten. Sie sind besonders nützlich, wenn eine bestimmte Aufgabe oder Berechnung mehrfach im Programm durchgeführt werden muss, da der gleiche Code nicht immer wieder neu geschrieben werden muss. Stattdessen wird die Funktion einmal definiert und kann dann beliebig oft wiederverwendet werden.

Python verfügt über eine umfangreiche Standardbibliothek, die viele nützliche Funktionen und Methoden bereitstellt, wie beispielsweise die bekannten Funktionen *print()*, *input()* und *range()*. Diese Funktionen können direkt verwendet werden, ohne

dass sie zuvor definiert oder importiert werden müssen, da sie zur Standardbibliothek
gehören.

6.1.1 Aufbau und Eigenschaften

Der Aufbau einer Funktion in Python besteht aus den folgenden wesentlichen Bestand-
teilen.

```python
def funktions_name(argument1, argument2, ....):
    ....
    Anweisungen
    ....
    return result

funktions_name(argument1, argument2, ....)
```

1. **Funktionskopf**: Dieser beginnt mit dem Schlüsselwort *def* (definition), gefolgt vom
   Funktionsnamen und runden Klammern. Der Funktionsname sollte beschreibend
   und in Kleinbuchstaben geschrieben sein, idealerweise als Verb, das die Aufgabe der
   Funktion beschreibt. In den Klammern können Argumente (Parameter) angegeben
   werden, falls die Funktion Eingabewerte benötigt. Der Funktionskopf endet mit
   einem Doppelpunkt.
2. **Funktionskörper**: Der Funktionskörper enthält den Code, der ausgeführt wird,
   wenn die Funktion aufgerufen wird. Dieser Teil ist immer eingerückt. Hier werden
   die Anweisungen der Funktion ausgeführt. Oft wird auch ein Rückgabewert mit
   return angegeben, falls das Ergebnis der Funktion weiterverwendet werden soll.
3. **Funktionsaufruf**: Die Funktion wird später durch einen Funktionsaufruf aktiviert.
   Dabei werden die tatsächlichen Argumente an die Funktion übergeben.

Eine Funktion sollte stets kommentiert werden, um ihre Funktionsweise zu erläutern.
Kommentare können in Python an beliebiger Stelle im Code hinzugefügt werden. Dazu
wird vor den Kommentar das Rautezeichen (#) gesetzt. Alles, was danach in derselben
Zeile geschrieben wird, wird vom Programm ignoriert und nicht ausgeführt.

Kommentare sind hilfreich, um dem Programmierer – sei es dem ursprünglichen
Autor oder einem anderen, die später den Code lesen – zu erklären, was eine bestimmte
Funktion tut oder wie bestimmte Teile des Codes funktionieren. Sie tragen dazu bei, den
Code verständlicher und wartbarer zu machen, insbesondere bei komplexeren Projekten.

```python
def foo(x):              #x ist Parameter
    x[0] = 9
    print(x)

y = [4, 5, 6]
foo(y)                   #Funktionsaufruf
                         #mit y als Argument
```

Die Werte werden über Parameter an die definierte Funktion übergeben. Viele Funktionen sind daher von Parametern abhängig, um ihre Aufgaben ausführen zu können.

```python
def ausgabe(zahl):
  zahl= 2*zahl
  print(zahl)

ausgabe(5)
```

Hier wird die Funktion ausgabe() mit dem Argument 5 aufgerufen. Der Wert 5 wird als Parameter zahl in die Funktion übergeben. Innerhalb der Funktion wird diese Zahl verdoppelt und das Ergebnis (10) ausgegeben.

6.1.2 Funktionen mit mehreren Parametern

Mehrere Werte können an eine Funktion übergeben werden, wenn in der Funktionsdefinition mehrere Argumente festgelegt wurden, die durch Kommas getrennt sind. Grundsätzlich sind Parameter positionsabhängig, was bedeutet, dass die Argumente beim Funktionsaufruf in genau der gleichen Reihenfolge übergeben werden müssen, in der sie in der Funktionsdefinition angegeben sind.

```python
def ausgabe(zahl1, zahl2):
    summe = zahl1 + zahl2
    print(summe)

ausgabe(2,5)
```

Die Reihenfolge der Parameter kann geändert werden, wenn Schlüsselwort-Argumente verwendet werden. In diesem Fall spielt die Reihenfolge keine Rolle, da die Argumente explizit den entsprechenden Parametern zugewiesen werden. Dadurch wird eine genaue Zuordnung gewährleistet, unabhängig von der Reihenfolge, in der die Argumente angegeben werden.

```python
def telListen(vorn, nachn, telnr):
    print(vorn + ' ' + nachn)
    print('Telefon: ', telnr)

telListen('Hansi', 'Lein', '12345')
```

Wenn Schlüsselwort-Argumente verwendet werden, können die Parameter in beliebiger Reihenfolge übergeben werden, indem sie explizit mit ihren Parameternamen zugewiesen werden. Dies ermöglicht eine flexible Reihenfolge der Argumente, da jedes Argument eindeutig dem entsprechenden Parameter zugeordnet wird.

```python
telListen(telnr='12345', nachn='Lein', vorn='Hansi')
```

6.1.3 Parameter mit Standardwert

Darüber hinaus besteht die Möglichkeit, Argumente in einer definierten Funktion auf einen Standardwert zu setzen, sodass sie optional genutzt werden können. Optionale Argumente können auf den Wert *None* oder einen anderen Standardwert gesetzt werden und nur dann verwendet werden, wenn es notwendig ist. Wenn beim Funktionsaufruf für ein solches Argument kein Wert übergeben wird (wie in Zeile 5), greift die Funktion auf den Standardwert zurück. Wird jedoch ein Wert für dieses Argument übergeben, überschreibt dieser den festgelegten Standardwert.

```
1  def ausgeben(text, wieOft=1):
2      print(text * wieOft)
3
4  ausgeben('Hallo')
5  ausgeben('Hallo', 5)
```

6.2 Funktion mit Rückgabewert

Der Rückgabewert einer Funktion wird durch den *return*-Befehl bestimmt. Mithilfe dieses Befehls kann das Ergebnis der Funktionsausführung nach außen übergeben werden, sodass darauf zugegriffen werden kann. Im folgenden Beispiel wird das Ergebnis des Funktionsaufrufs einer Variablen namens *ergebnis* zugewiesen, die anschließend mithilfe des *print()*-Befehls ausgegeben wird.

```
1  def rueckgabe(zahl):
2    rueckgabewert = zahl * 2
3    return rueckgabewert
4
5  ergebnis = rueckgabe('jackson')
6  print(ergebnis)
```

Verschiedene Arten von Werten, wie beispielsweise Integer, Listen, Dictionaries und andere, können an eine Funktion übergeben werden. Dies ermöglicht es, Funktionen flexibel mit unterschiedlichen Datentypen zu verwenden. Hier ein Beispiel mit Listen als Übergabewert.

```
1  def benutzer(namen):
2      for i in namen:
3          msg = f"Hallo, {i.title()}"
4          print(msg)
5
6  dnamen = ['hansi', 'heidi', 'lu']
7  benutzer(dnamen)
```

Bei der Verwendung von Dictionarys innerhalb einer Funktion können optionale Werte flexibel eingesetzt werden.

```python
def getName(vorname, nachname, alter = None):
    person = {'Vorname': vorname, 'Nachname': nachname}
    if alter:
        person['alter'] = alter
    return person

person = getName('hansi', 'lein', alter=33)
print(person)
```

In diesem Beispiel wird die Funktion *getName()* verwendet, um ein Dictionary mit den Angaben zu einer Person zu erstellen. Die Funktion nimmt drei Parameter entgegen: *vorname*, *nachname* und optional *alter*, wobei *alter* den Standardwert None hat, wenn es nicht angegeben wird. Das Dictionary *person* wird mit den Werten für Vorname und Nachname gefüllt. Wenn ein Alter übergeben wird, wird es ebenfalls in das Dictionary aufgenommen. Das Alter ist ein optionaler Wert. Wenn es nicht angegeben wird, bleibt der Eintrag im Dictionary leer. Die Funktion zeigt, wie optionale Argumente in einer Funktion mit Dictionaries verwendet werden können, um flexibel mit Daten umzugehen.

Der Einsatz einer Funktion hängt von der jeweiligen Anwendung ab und ist nicht auf bestimmte Stellen im Code beschränkt. Funktionen können flexibel in verschiedenen Strukturen wie Schleifen, Bedingungen oder anderen Funktionen verwendet werden. Im folgenden Beispiel wird eine definierte Funktion innerhalb einer *while*-Schleife aufgerufen.

```python
def getName(vorname, nachname):
    vollName = f"{vorname} {nachname}"
    return vollName

while True:
    vName = input("Vorname: ")
    nName = input("Nachname: ")

    person = getName(vName,nName)
    print("Hallo", person)
    #Abbruchbedingung
    if vName == 'q' or nName == 'q': #
        break
```

6.3 Funktionen beliebiger Anzahl an Argumenten

6.3.1 Unbekannte Anzahl an Argumenten *args

In Python kann eine Funktion so definiert werden, dass sie eine variable Anzahl von Argumenten akzeptiert, selbst wenn die genaue Anzahl der Argumente im Voraus nicht bekannt ist. Dazu wird ein Sternchen (*) vor dem letzten Argument gesetzt, zum Beispiel *def funktion(*args)*. Diese Schreibweise mit *args* ist eine gängige Konvention. Im folgenden Beispiel wird der Funktion ein Tupel von Werten übergeben, wobei das Argument mit dem * automatisch alle weiteren übergebenen Parameter als Tupel erfasst.

```
1  def funktion1(para1, para2, *para3):
2      print(para1, para2, para3)
3
4  funktion1('Max', 'Senf', 'Hof', 'Isar', 'Pils', 'Auto')
```

In diesem Beispiel wird die Funktion *funktion1* definiert, die zwei reguläre Parameter (*para1* und *para2*) und eine variable Anzahl an zusätzlichen Argumenten (**para3*) akzeptiert. Die mit **para3* übergebenen Argumente werden in einem Tupel gesammelt. Dieses Beispiel zeigt, wie eine Funktion eine flexible Anzahl von Argumenten verarbeiten kann, indem die zusätzlichen Parameter in einem Tupel gesammelt und ausgegeben werden.

Ein weiteres Beispiel zeigt, wie eine *for*-Schleife innerhalb einer Funktion verwendet wird, um alle an **para3* übergebenen Parameter auszugeben.

```
1  def funktion1(para1, para2, *para3):
2      print(para1, para2, end=' ')
3
4      for i in para3:
5          print(i, end=' ')
6
7  funktion1('Max', 'Senf', 'Hof', 'Isar', 'Pils', 'Auto')
```

In diesem erweiterten Beispiel wird die Funktion *funktion1* verwendet, um zwei reguläre Parameter (*para1* und *para2*) und eine variable Anzahl weiterer Argumente (**para3*) zu verarbeiten. Dabei wird eine *for*-Schleife genutzt, um alle Werte in *para3 einzeln auszugeben.

6.3.2 Beliebige Anzahl von Schlüsselwortargumenten **kwargs

Wenn man einer Funktion, die für eine beliebige Anzahl von Argumenten ausgelegt ist, zusätzlich eine beliebige Anzahl von Schlüsselwortargumenten übergeben möchte, wird dies mit *def funktion(**kwargs)* realisiert. Hierbei steht ***kwargs* für eine gängige

Konvention, die keine feste Definition darstellt. Ein Beispiel dazu wird im Folgenden gezeigt. Möchte man einer Funktion, die mit beliebiger Anzahl an Argumenten definiert ist, eine Zuweisung mittels beliebiger Anzahl an Schlüsselwortargumenten zuweisen, so ist dies mit *def funktion(**kwargs)* durchzuführen. ***kwargs* ist auch eine Konvention und keine Definition. Ein Beispiel zu diesem Sachverhalt ist im Folgenden aufgeführt.

```python
def dicAusgeben(**woerterbuch):
    print(woerterbuch)

dicAusgeben(Kuh='cow', Hund='dog', Vogel='bird')

meinDict = {'Kuh':'cow', 'Hund':'dog', 'Vogel':'bird'}
dicAusgeben(**meinDict)
```

In diesem Beispiel wird die Funktion *dicAusgeben* verwendet, um eine beliebige Anzahl von Schlüsselwortargumenten entgegenzunehmen und als Dictionary auszugeben. Dabei wird das Konstrukt ***kwargs* verwendet, um die Schlüsselwortargumente zu verarbeiten.

6.4 Lokale und globale Variablen

6.4.1 Lokale Variable

Wie bereits erwähnt, ist eine Funktion ein eigenständiger Codeblock innerhalb des Programms. Variablen, die innerhalb einer Funktion deklariert werden, bezeichnet man als **lokale** Variablen, während Variablen, die außerhalb einer Funktion definiert sind, als **globale** Variablen bezeichnet werden. Lokale Variablen gehören ausschließlich zum Gültigkeitsbereich (Scope) der Funktion, das heißt, sie existieren nur innerhalb dieser Funktion und sind außerhalb nicht zugänglich. Globale Variablen hingegen sind im gesamten Programm verfügbar.

```python
def testFunktion():
    nr = 378
    print('Nummer IN der Funktion:', nr)

testFunktion()
print('Nummer NACH der Funktion:', nr) #Fehler
```

Innerhalb der Funktion *testFunktion()* wird die Variable nr auf den Wert 378 gesetzt. Diese Variable existiert jedoch nur innerhalb der Funktion. Die Ausgabe *print('Nummer IN der Funktion:', nr)* funktioniert, weil *nr* im lokalen Gültigkeitsbereich der Funktion existiert.

6.4.2 Globale Variable

Eine im Hauptprogramm deklarierte Variable wird als global bezeichnet. Sie gehört zum Gültigkeitsbereich des gesamten Programms und kann auch innerhalb von Funktionen verwendet werden. Eine globale Variable steht somit automatisch allen Funktionen zur Verfügung, da sie sich im allgemeinen Gültigkeitsbereich des Programms befindet.

```python
nr = 378
def testFunktion():
    print('Nummer IN der Funktion:', nr)

testFunktion()
print('Nummer NACH der Funktion:', nr)
```

In diesem Beispiel wird eine globale Variable namens *nr* außerhalb der Funktion *testFunktion()* definiert. Diese globale Variable steht sowohl im Hauptprogramm als auch innerhalb der Funktion zur Verfügung.

Das folgende Beispiel wird gezeigt, wie eine globale und eine lokale Variable verwendet werden und wie der Unterschied zwischen beiden Arten von Variablen sichtbar wird.

```python
globaleVar = 'global'

def eineFunktion():
    print('in der ersten Funktion: '+ globaleVar)

def zweiteFunktion():
    globaleVar = 'lokal'
    print('in der zweiten Funktion: ' + globaleVar)

print('ausserhalb jeder Funktion: ' + globaleVar)
eineFunktion()
zweiteFunktion()
```

Hier wird eine globale Variable *globaleVar* mit dem Wert *global* definiert. Da diese Variable außerhalb von Funktionen deklariert wurde, ist sie im gesamten Programm, einschließlich der Funktionen, verfügbar. Die Funktion *eineFunktion()* greift auf die globale Variable *globaleVar* zu, die außerhalb der Funktion definiert wurde. Innerhalb der Funktion wird der Wert der globalen Variable ausgegeben. Da die Funktion *globaleVar* nicht innerhalb der Funktion neu definiert, verwendet sie die globale Variable. In der Funktion *zweiteFunktion()* wird eine Variable mit dem Namen *globaleVar* neu definiert, allerdings nur lokal innerhalb der Funktion. Diese lokale Variable überschreibt die globale Variable nicht, da sie nur innerhalb der Funktion existiert. Daher gibt diese Funktion den Wert *lokal* aus, der innerhalb der Funktion definiert wurde, ohne die globale Variable zu beeinflussen. Bei Aufruf der ersten Funktion *eineFunktion()* greift diese auf die globale Variable *globaleVar* zu. Die Funktion *zweiteFunktion()* hat eine eigene lokale Version von *globaleVar*, die den Wert *lokal* erhält.

6.5 Verkettete und verschachtelte Funktionen

6.5.1 Verkettung von Funktionen

Von einer Verkettung von Funktionen spricht man, wenn der Aufruf einer Funktion als Parameter an eine andere Funktion übergeben wird. Im folgenden Beispiel wird die mathematische Funktion $f(x) = (2x)^2$ mithilfe von zwei getrennten Funktionen dargestellt. Die erste Funktion berechnet $2 \cdot x$, während die zweite Funktion das Quadrat des Ergebnisses berechnet. Beim Aufruf der zweiten Funktion wird das Ergebnis der ersten Funktion als Parameter übergeben, wodurch die Verkettung der beiden Funktionen erfolgt.

```python
def verdoppeln(x):
    return 2 * x

def quadrieren(z):
    return z*z

zahl = int(input("Zahl: "))

zwi = verdoppeln(zahl)
erg = quadrieren(zwi)
#erg = quadrieren(verdoppeln(zahl))
print(erg)
```

6.5.2 Verschachtelte Funktionen

Von verschachtelten Funktionen spricht man, wenn eine oder mehrere Funktionen innerhalb einer anderen Funktion definiert und verwendet werden.

```python
def quadrieren(zahl):
    def verdoppeln(x):
        return (2*x)**zahl
    return verdoppeln

erg = quadrieren(2)(4)
print(erg)
```

In diesem Beispiel wird die Idee der verschachtelten Funktionen verdeutlicht. Hier wird eine Funktion *quadrieren* definiert, die ihrerseits eine Funktion *verdoppeln* enthält. Diese Funktion *quadrieren(zahl)* nimmt den Parameter *zahl* entgegen und definiert darin eine weitere Funktion *verdoppeln(x)*, welche wiederum einen Parameter *x* entgegennimmt, multipliziert ihn mit 2 und hebt das Ergebnis dann zur Potenz von *zahl*. Die Funktion *quadrieren()* gibt schließlich die Funktion *verdoppeln* zurück, ohne sie auszuführen. Der Aufruf *quadrieren(2)(4)* ist also eine Funktionsverkettung

6.5.3 Funktionen als Argument von Funktionen

Funktionen können selbstverständlich auch als Argumente an andere Funktionen übergeben werden, wie das folgende Beispiel zeigt. In diesem Fall wird eine *.txt*-Datei eingelesen, und anschließend sollen alle Zeilen, die das Wort "Phyton" enthalten, ausgegeben werden. Dabei wird das gesuchte Wort in Großbuchstaben dargestellt. Die erste Funktion ist dafür zuständig, das gefundene Wort in Großbuchstaben zu konvertieren und auszugeben. Die zweite Funktion öffnet die Datei, durchsucht die Zeilen nach dem Wort und übergibt die gefundenen Ergebnisse an die erste Funktion zur weiteren Verarbeitung.

```python
def grossSchreiben(zeile, wort):
    print(zeile.replace(wort, wort.upper()))

def textBearbeiten(grossSchreiben):
    eingabeDatei = open('PythonText.txt', 'r')

    wort = 'Python'

    for eineZeile in eingabeDatei.readlines():
        if wort in eineZeile: #weglassen
            grossSchreiben(eineZeile, wort)
    eingabeDatei.close()

textBearbeiten(grossSchreiben)
```

6.6 Rekursive und Lambda-Funktionen

6.6.1 Rekursive Funktionen

Rekursive Funktionen zeichnen sich dadurch aus, dass sie sich selbst erneut aufrufen. Im folgenden Beispiel wird diese Eigenschaft genutzt, um die Fakultät einer Zahl zu berechnen.

```python
def fakultaet(zahl):
    if zahl == 1:
        return 1
    else:
        return zahl*fakultaet(zahl-1)

print(fakultaet(3))
```

6.6.2 Lambda-Funktionen

Lambda-Funktionen sind anonyme Funktionen, die keinen Namen haben und typischerweise nur einmal verwendet werden. Sie werden für einfache, kurzlebige Aufgaben eingesetzt und können nach ihrer Ausführung nicht erneut aufgerufen werden. Eine *Lambda*-Funktion gibt immer einen Wert zurück. Die Syntax einer Lambda-Funktion lautet: *lambda[Variable1, Variable2, ...]: Anweisung*.

```python
def funk(x):
    return x**2
print(funk(8))


funk = lambda x: x**2
print(funk(8))
```

In diesem Beispiel wird zunächst eine reguläre Funktion und anschließend eine Lambda-Funktion verwendet, die beide das gleiche Ergebnis liefern. Beide Funktionen berechnen das Quadrat eines gegebenen Wertes, wobei die *Lambda*-Funktion eine kompakte, anonyme Alternative zur regulären Funktionsdefinition darstellt.

Eine *Lambda*-Funktion kann auch als Argument in eine Funktion übergeben werden, insbesondere, wenn sie nur einmal verwendet wird und danach nicht mehr benötigt wird.

```python
def temperatur(x):
    return x + 42

def macheListe(f, bereich):
    ergebnis = []
    for i in range(bereich):
        ergebnis.append(f(i))
    return ergebnis

a = macheListe(temperatur, 5)
#a = macheListe(lambda x: x + 42, 5)
print(a)
```

In diesem Beispiel werden zwei Funktionen verwendet, um eine Liste zu erstellen, deren Werte durch eine Berechnungsfunktion modifiziert wurden. Die Funktion *macheListe* nimmt eine andere Funktion als Argument entgegen, wendet sie auf eine bestimmte Anzahl von Werten an und speichert die Ergebnisse in einer Liste. Zusätzlich wird gezeigt, wie eine Lambda-Funktion anstelle der regulären Funktion verwendet werden kann.

6.7 Module

Python bietet eine umfangreiche Standardbibliothek, die viele nützliche Funktionen und Methoden enthält. Einige Module dieser Bibliothek müssen jedoch erst mit dem Befehl import geladen werden, bevor man sie verwenden kann. Zusätzlich gibt es Module, die zunächst installiert werden müssen, um auf ihre Methoden zugreifen zu können. Wenn man nur einen bestimmten Teil eines Moduls verwenden möchte, reicht es aus, lediglich die benötigten Methoden zu importieren. Dies wird mit from *modulname* import *methode* realisiert.

```python
import math
print(dir(math)) #Inhaltsverzeichnis

#*********************************#

from math import cos, sin, pi
f = sin(1.234)
print(f)
```

Die in einem Modul verfügbaren Methoden können mithilfe des *print(dir(modul))*-Befehls angezeigt werden. Dadurch erhält man eine Art Inhaltsverzeichnis, das alle im Modul enthaltenen Funktionen und Attribute auflistet. Für verschiedene Anwendungsbereiche stehen unterschiedliche Module zur Verfügung, wie z.B. *numpy* für numerische Berechnungen, *pandas* für Datenverarbeitung, *matplotlib* zur Erstellung von Diagrammen und viele weitere.

Eigene Module

Wenn man mehrere selbst definierte Funktionen hat, die häufig wiederverwendet werden, können diese in einer separaten Datei gespeichert und in anderen Dateien mit dem Befehl *import* gefolgt vom Dateinamen aufgerufen werden. Dies vermeidet das manuelle Kopieren der Funktionen und hält den Programmcode kompakt. Gleichzeitig reduziert sich die Fehlerwahrscheinlichkeit, da die Funktionen zentral gespeichert und gewartet werden. Die eigenen Funktionen können somit übersichtlich in einer Datei abgelegt und in einer anderen Python-Datei durch einen einfachen *import*-Befehl genutzt werden. Ähnlich wie beim *math*-Modul muss der Modulname vor der Funktion mit einem Punkt getrennt angegeben werden. Falls der Modulname zu lang ist, kann er mithilfe des *as*-Schlüsselworts in der *import*-Zeile durch ein Kürzel ersetzt werden. So kann man im weiteren Programmverlauf mit dem Kürzel arbeiten, wie im folgenden Beispiel gezeigt.

```python
import mymodul as my

erg = my.rueckgabe(5)
print(erg)
```

Kapitel 7
Fehlerbehandlung

Fehler und Ausnahmen sind unvermeidliche Bestandteile der Programmierung. Python bietet zur Fehlerbehandlung die Möglichkeit, sie gezielt abzufangen, zu verarbeiten und den Programmfluss kontrolliert fortzusetzen. In diesem Kapitel werden die grundlegenden Mechanismen der *try-except*-Blöcke vorgestellt, die es ermöglichen, kritische Codeabschnitte zu schützen und auf verschiedene Fehlertypen spezifisch zu reagieren. Darüber hinaus werden erweiterte Konzepte wie *else*- und *finally*-Zweige behandelt, die eine differenzierte Reaktion auf erfolgreiche oder fehlgeschlagene Operationen erlauben. Besonderes Augenmerk liegt auch auf der Fehlerbehandlung bei Dateioperationen mit dem praktischen *with*-Statement sowie auf der gezielten Auslösung von Ausnahmen mittels *raise*. Diese Techniken sind essenziell, um robuste, benutzerfreundliche und absturzsichere Anwendungen zu entwickeln.

In unserem Beispiel wird das Alter einer Person über eine Eingabefunktion abgefragt. Aber was passiert, wenn der Benutzer anstelle einer ganzen Zahl (Integer) einen Text (String) eingibt? Ohne geeignete Fehlerbehandlung würde dies zu einem Absturz führen. Stattdessen wäre es ideal, den Nutzer auf die falsche Eingabe hinzuweisen. Im Folgenden zeigen wir eine Lösung, die genau dies ermöglicht.

```
alter = int(input('Alter? ' ))

#Eingabe String???
#Wunsch: Eingabe Falsch, bitte...
```

Im Programmcode können verschiedene Arten von Fehlern auftreten. Zum Beispiel wird der Programmablauf bei einer Division durch 0 unterbrochen, wenn eine nicht vorhandene Datei eingelesen werden soll oder wenn ein falscher Datentyp eingegeben wird. Solche Fehler führen oft zum sofortigen Abbruch des Programms. Um dies zu verhindern, kann ein *try-except*-Block verwendet werden, wenn potenziell fehleranfälliger Code ausgeführt wird.

In Tabelle 7.1 sind einige häufig auftretende Fehlerarten und ihre Beschreibungen aufgeführt. Diese sogenannten Exceptions (Ausnahmebehandlungen) werden im *try-except*-Block verwendet, um den Programmablauf auch bei Fehlern kontrolliert fortzusetzen. Ihre Anwendung wird im Folgenden anhand von Beispielen detaillierter erläutert.

Tabelle 7.1 Übersicht häufiger Ausnahmebehandlungen

Exception	Beschreibung
FileNotFoundError	Datei nicht vorhanden
ValueError	Ungültiger Datentyp oder ungültiger Wert
IOError	Fehler bei Ein- oder Ausgabeoperationen
ZeroDivisionError	Division durch Null
IndexError	Ungültiger Index (z. B. Zugriff außerhalb einer Liste)
TypeError	Operation oder Funktion ist für den angegebenen Datentyp nicht zulässig
⋮	⋮

7.1 Einfache Fehlerbehandlung: *try-except*

Der Syntax einer einfachen Fehlerbehandlung sieht folgendermaßen aus:

```
try:
    Anweisung(en)
except:
    Fehlermeldung
```

Mit *try* wird der Codeblock eingeleitet, der potenziell Fehler verursachen könnte. Innerhalb dieses Blocks werden die Anweisungen ausgeführt, bei denen ein Fehler auftreten kann. Der *except*-Block folgt direkt auf *try* und enthält die Anweisungen, die ausgeführt werden sollen, falls tatsächlich ein Fehler auftritt. Beispielsweise könnte hier eine *print*-Anweisung stehen, die eine Fehlermeldung ausgibt, um den User über das Problem zu informieren.

Die Anwendung der Syntax zur einfachen Fehlerbehandlung wird im nächsten Beispiel erläutert. In diesem Fall reicht bereits eine einfache *except*-Anweisung aus, um den Fehler abzufangen. Allerdings könnte ein spezifizierter *except ValueError* hier die passendere Wahl sein, um eine genauere Ausnahmebehandlung zu gewährleisten. Wenn mehrere unterschiedliche Fehler abgefangen werden sollen, sollte jede Ausnahme explizit benannt werden, um den Code klarer und präziser zu gestalten.

```
try:
    alter = int(input('Alter?: '))
except ValueError:
    print('Eingabe war keine Zahl')
```

7.1.1 Fehlerbehebung: *ZeroDivisionError*

Im nächsten Beispiel wird eine Division durch die Zahl 0 durchgeführt, was mathematisch nicht definiert ist und in Python zu einem Programmabbruch führt.

```python
x = 27
y = 0
ergebnis = x/y
print(ergebnis)
```

Ein Programmabsturz kann hier verhindert werden, indem ein *except ZeroDivision-Error* verwendet wird.

```python
try:
    x = 27
    y = 0
    erg = x / y
except ZeroDivisionError:
    print('teilen durch 0 ist nicht erlaubt')
```

Wenn das Programm versucht, 27 durch 0 zu teilen, wird ein *ZeroDivisionError* ausgelöst. Der *except*-Block fängt diesen Fehler ab und gibt stattdessen eine Fehlermeldung aus, damit das Programm nicht abstürzt. So kann das Programm kontrolliert auf den Fehler reagieren, und der User wird über das Problem informiert.

In einem anderen Beispiel ist der *try-except*-Block innerhalb einer *while*-Schleife eingebettet.

```python
while True:
    try:
        zahl1 = input("Zahl: ")
        if zahl1 == 'q':
            break
        zahl2 = input("Zahl: ")
        if zahl2 == 'q':
            break
        erg = int(zahl1) / int(zahl2)
        print(erg)
    except:
        print("no,no,no")
```

Dieser Code zeigt eine Kombination aus einer *while*-Schleife und einer Fehlerbehandlung, die das Programm kontinuierlich Eingaben abfragen lässt, bis eine bestimmte Bedingung erfüllt ist. Es ermöglicht es dem User, immer wieder zwei Zahlen einzugeben und das Ergebnis der Division zu berechnen. Wenn der Benutzer 'q' eingibt, wird das Programm beendet. Falls es zu einem Fehler kommt, wie z.B. einer falschen Eingabe oder einer Division durch Null, wird der Fehler abgefangen, und eine einfache Fehlermeldung "no,no,no" wird ausgegeben, um das Programm am Laufen zu halten, anstatt abzustürzen.

7.1.2 Fehlerbehebung: *IndexError*

Der Fehlertyp *IndexError* tritt auf, wenn versucht wird, auf einen Index einer Liste zuzugreifen, der außerhalb der vorhandenen Indizes liegt. Der folgende Code zeigt, wie man sicherstellt, dass ein Zugriff auf eine Liste keine Fehler verursacht, wenn ein ungültiger Index verwendet wird. Im *try*-Block wird der Zugriff versucht, und falls der Index außerhalb der Grenzen der Liste liegt, fängt der *except IndexError*-Block den Fehler ab und gibt eine entsprechende Meldung aus. In diesem Beispiel ist der Zugriff auf den Index 2 jedoch gültig, und der *except*-Block wird nicht benötigt.

```
eineListe = ['0. Element', '1. Element', '2. Element']

try:
    print(eineListe[2])
except IndexError:
    print('Index ausserhalb der erlaubten Grenzen')
```

7.1.3 Mehrfache *excepts*

Das Abfangen verschiedener Fehlertypen ist möglich, indem zusätzliche *except*-Blöcke für die jeweiligen Ausnahmetypen hinzugefügt werden.

```
try:
    x = 27
    y = int(input("Zahl: "))
    erg = x / y
except ZeroDivisionError:
    print('nicht durch 0 teilen!')
except TypeError:
    print('leider keine Zahl')
except:
    print('irgendein anderer Fehler ist aufgetaucht')
```

In diesem Beispiel wird gezeigt, wie man unterschiedliche Fehlertypen behandelt, die auftreten könnten, wenn der Benutzer eine Zahl eingibt und eine Division durchgeführt wird. Der *try*-Block enthält den eigentlichen Code, während die verschiedenen *except*-Blöcke dazu dienen, spezifische Fehler wie die Division durch Null abzufangen und den Benutzer darauf hinzuweisen, ohne dass das Programm abstürzt.

7.2 Fehlerbehandlung: *try-except-else*

Ein *try-except*-Block kann durch eine zusätzliche *else*-Verzweigung erweitert werden, die in bestimmten Situationen nützlich ist. Die Anweisungen im *else*-Block werden nur ausgeführt, wenn im *try*-Block keine Ausnahme auftritt. Folgende Syntax gilt damit für eine *try-except-else*-Verzweigung:

```python
try:
    Anweisung(en)
except:
    Fehlermeldung
else:
    weitere Anweisungen, falls\
    keine Ausnahme aufgetreten ist
```

Unser vorheriges Beispiel soll nun um eine *else*-Verzweigung ergänzt werden, in der eine *print*-Funktion ausgeführt wird, falls keine Ausnahme aufgetreten ist.

```python
try:
  alter = int(input('Alter ?: '))
except:
  print("keine Zahl")
else:
  print("keine Ausnahme aufgetreten")
```

Der *try*-Block versucht, die Benutzereingabe in eine Ganzzahl umzuwandeln. Wenn die Eingabe ungültig ist (keine Zahl), gibt der *except*-Block die Meldung "keine Zahl" aus. Wenn die Eingabe korrekt war und keine Ausnahme aufgetreten ist, gibt der *else*-Block die Meldung "keine Ausnahme aufgetreten" aus. Dieses Beispiel zeigt, wie man sicherstellt, dass das Programm auf falsche Eingaben angemessen reagieren kann, ohne abzustürzen.

7.3 Fehlerbehandlung: *try-except-else-finally*

Der Ausnahmebehandlungsblock kann zusätzlich durch eine *finally*-Verzweigung erweitert werden. Die Anweisungen im *finally*-Block werden in jedem Fall ausgeführt, unabhängig davon, ob im *try*-Block eine Ausnahme auftritt oder nicht.

```python
try:
    alter = int(input('Alter ?: '))
except:
    print("keine Zahl")
else:
    print("keine Ausnahme aufgetreten")
finally:
    print(2+4)
```

Der *try*-Block versucht, die Benutzereingabe in eine Ganzzahl umzuwandeln. Wenn die Eingabe ungültig ist, wird der *except*-Block ausgeführt, und es wird "keine Zahl" ausgegeben. Wenn die Eingabe korrekt ist, wird der *else*-Block ausgeführt und "keine Ausnahme aufgetreten" ausgegeben. Der *finally*-Block wird immer ausgeführt, unabhängig davon, ob eine Ausnahme aufgetreten ist oder nicht. In diesem Fall gibt er das Ergebnis 6 aus. Dieses Beispiel zeigt, wie man Fehler behandelt, Erfolge bestätigt und sicherstellt, dass bestimmte Aktionen in jedem Fall ausgeführt werden, um den Programmablauf stabil und nachvollziehbar zu halten.

7.4 Fehlerbehandlung beim Dateizugriff

7.4.1 Das *with*-Statement

Die Fehlerbehandlung ist beim Lesen und Schreiben von Dateien besonders wichtig und kann mit einem *try-except*-Block gelöst werden. Die detaillierte Behandlung des Einlesens und Schreibens von Dateien erfolgt in einem späteren Kapitel. Da jedoch auch die Fehlerbehandlung in diesem Zusammenhang wichtig ist, zeigt das folgende Beispiel bereits, wie diese in solchen Fällen angewendet werden kann.

```python
myfile = open("filename.txt", "r")

try:
    content = myfile.read() # Datei einlesen
    print(content)
except:
    print(''falsche Datei'')
finally:
    myfile.close() # Dateiobjekt schliessen
```

Diese Beispiel zeigt, wie man eine Datei öffnet, liest und dabei mögliche Fehler mit einem *try-except-finally*-Block behandelt, um sicherzustellen, dass die Datei korrekt geschlossen wird, selbst wenn ein Fehler auftritt. Der Code versucht, eine Datei namens "filename.txt" im Lesemodus zu öffnen und ihren Inhalt auszulesen. Wenn alles funktioniert, wird der Inhalt der Datei ausgegeben. Falls ein Fehler beim Öffnen oder Lesen der Datei auftritt, gibt der *except*-Block eine Fehlermeldung aus. Der *finally*-Block stellt sicher, dass die Datei in jedem Fall geschlossen wird, selbst wenn ein Fehler auftritt. Dies ist eine gute Praxis, um Ressourcen freizugeben und potenzielle Probleme mit ungeschlossenen Dateien zu vermeiden.

Das Öffnen und Schließen einer Datei kann bequem mit dem *with*-Statement in Python durchgeführt werden. Sobald eine Datei mit *with* geöffnet wird, wird diese nach dem Verlassen des *with*-Blocks automatisch geschlossen, unabhängig davon, ob im Block eine Ausnahme aufgetreten ist oder nicht. Dies erspart den manuellen Aufruf von *close()* und hilft dabei, Fehler durch vergessene Datei-Schließungen zu vermeiden.

```python
with open("filename.txt", "r") as myfile:
    content = myfile.read()
    print(content)
```

Die Vorteile der Verwendung von *with*:

- **Automatisches Schließen der Datei**: Die Datei wird unabhängig vom Ausgang des Codeblocks sicher geschlossen. Dies verhindert Fehler, die durch vergessene *close()*-Aufrufe entstehen könnten, was insbesondere bei komplexeren Programmen oder großen Dateien hilfreich ist.
- **Einfacher und sauberer Code**: Das *with*-Statement macht den Code übersichtlicher und reduziert das Risiko von Ressourcenlecks.

7.4.2 Fehlerbehebung: *FileNotFoundError*

Der Fehlertyp *FileNotFoundError* tritt auf, wenn die zu öffnende Datei nicht existiert. Daher ist es wichtig, bei der Dateibehandlung eine entsprechende *except*-Anweisung einzubauen, um diesen Fehler abzufangen. Dazu das folgende Anwendungsbeispiel: Eine Datei namens "buch.txt" ist zu öffnen und deren Inhalt ist auszulesen. Wenn die Datei existiert, wird der Inhalt ausgegeben. Wenn die Datei nicht gefunden wird, tritt ein *FileNotFoundError* auf, der im *except*-Block abgefangen wird. Dadurch wird vermieden, dass das Programm abstürzt, und stattdessen wird eine benutzerfreundliche Fehlermeldung ("nicht vorhanden") ausgegeben. Diese Methode sorgt dafür, dass der Benutzer eine hilfreiche Rückmeldung erhält, wenn die Datei nicht existiert, und der Programmfluss nicht unterbrochen wird.

```python
filename = "buch.txt"
try:
    with open(filename) as fil:
        inhalt = fil.read()
        print(inhalt)
except FileNotFoundError:
    print("nicht vorhanden")
```

7.4.3 Fehlerbehebung: *IOError*

Mit *IOError* werden Fehler abgefangen, die auftreten, wenn versucht wird, in eine Datei zu schreiben, aber keine entsprechenden Schreibrechte vorhanden sind.

```python
try:
    fh = open("testfile.txt", "r")
    fh.write("dieser Text wurde soeben eingeschrieben")
except IOError:
    print ("Error: File nicht beschreibbar")
else:
    print ("Das Schreiben war erfolgreich")
    fh.close()
```

Der *try*-Block versucht, eine Datei im Lesemodus zu öffnen und dann in diese Datei zu schreiben. Da die Datei im Lesemodus ("r") geöffnet wurde, ist Schreiben nicht erlaubt, und dies löst einen *IOError* aus. Der *except*-Block fängt diesen Fehler ab und gibt die Fehlermeldung "Error: File nicht beschreibbar"aus. Der *else*-Block wird nur ausgeführt, wenn der *try*-Block ohne Fehler ausgeführt wird. In diesem Fall gibt er eine Erfolgsmeldung aus und schließt die Datei. Da jedoch ein Fehler auftritt, wird der *else*-Block hier nicht ausgeführt.

7.5 Spezielle Fehlerauslösung mit *raise*

Mit dem Befehl *raise* und einem spezifischen Fehlertyp können gezielt Ausnahmen ausgelöst werden, um fehlerhafte Eingaben frühzeitig zu erkennen und abzufangen.

```
x = -1

if x < 0:
    print("negativ")
    raise Exception("Sorry, keine Zahl kleiner 0")
```

Dieses Beispiel zeigt, wie eine gezielte Ausnahme (Exception) in Python mit dem Befehl *raise* ausgelöst wird. Hier wird der Wert der Variable x auf -1 gesetzt. Das bedeutet, dass x eine negative Zahl ist. Der *if*-Block überprüft, ob x kleiner als 0 ist ($x < 0$). Da x den Wert -1 hat, ist diese Bedingung wahr. Falls die Bedingung erfüllt ist, werden die folgenden Anweisungen im *if*-Block ausgeführt. Diese Anweisung gibt die Nachricht "negativ" auf dem Bildschirm aus, wenn x negativ ist. Der Befehl *raise* wird verwendet, um eine Ausnahme bewusst auszulösen. In diesem Fall wird eine Exception ausgelöst, mit der Nachricht "Sorry, keine Zahl kleiner 0". Dies bedeutet, dass das Programm ab hier unterbrochen wird und die Ausnahme an den Benutzer weitergegeben wird. Dies wird verwendet, um gezielt auf eine unerwünschte Situation zu reagieren, in diesem Fall auf eine negative Zahl.

Kapitel 8
Objektorientierte Programmierung OPP

Die objektorientierte Programmierung (OOP) ist ein grundlegendes Paradigma, das komplexe Softwaresysteme durch die Modellierung von Klassen und Objekten strukturiert und organisiert. Dabei werden Daten (Attribute) und die darauf operierenden Funktionen (Methoden) zu eigenständigen Einheiten gekapselt, was Wiederverwendbarkeit, Wartbarkeit und klare Struktur fördert. In diesem Kapitel werden die zentralen Konzepte der OOP in Python eingeführt. Von der Definition von Klassen und der Initialisierung von Objekten mit dem _init_-Konstruktor über die Arbeit mit Instanzen und deren Attributen bis hin zu fortgeschrittenen Themen wie Vererbung, Überschreiben von Methoden und Modularisierung durch Import. Am Beispiel einer Klasse *Wolf* und *Auto* werden Schritt für Schritt die Prinzipien der Klassen- und Objekterstellung, der Methodendefinition sowie der Erweiterung durch Kind-Klassen (z.B. *eAuto* für Elektroautos) verdeutlicht. Dieses Wissen ermöglicht es, reale Entitäten und deren Beziehungen präzise abzubilden und skalierbare, gut strukturierte Anwendungen zu entwickeln.

8.1 Klassen

Das Konzept des objektorientierten Programmierens (OOP) besteht darin, Daten und die darauf angewendeten Methoden in einem Objekt zusammenzufassen und diese nach außen hin zu kapseln. Dadurch werden die Daten vor ungewollten Zugriffen und Manipulationen durch andere Objekte geschützt. Das objektorientierte Programmieren ist eine effektive Methode zur Softwareentwicklung, bei der Objekte und Methoden in Klassen definiert werden. Objekte besitzen Attribute, die ihre Eigenschaften beschreiben, sowie Methoden, die das Verhalten der Objekte definieren.

Beispiel: Ein Wolf ist braun, alt und heißt *Wolfy*. Diese sind die Attribute (Eigenschaften) eines bestimmten Wolfes. Das Objekt *Wolf* kann allgemein durch die folgenden Attribute beschrieben werden:

Y. Can, *Grundlagen der Python-Programmierung*,
https://doi.org/10.1007/978-3-658-51437-2_8

- Farbe
- Alter
- Name
- usw.

Dies bildet eine allgemeine Vorlage für einen Wolf. Je nach individuellem Objekt (*Wolf*) unterscheiden sich die konkreten Werte dieser Attribute.

Methoden des Objekts *Wolf*: Die Methoden oder Funktionen, die ein Objekt vom Typ *Wolf* ausführen kann, könnten die folgenden sein:

- *fressen( )*
- *heulen( )*
- *jagen( )*

Wenn zum Beispiel die Methode *fressen( )* aufgerufen wird, könnte sie die Anweisung "Beute erschlungen" ausführen. Abhängig vom Objekt, in diesem Fall einem spezifischen Wolf, können diese Methoden unterschiedlich implementiert und aufgerufen werden.

Diese Struktur hilft dabei, komplexe Systeme übersichtlich und modular aufzubauen, indem Objekte mit bestimmten Eigenschaften und Verhaltensweisen geschaffen werden, die klar voneinander getrennt sind.

8.1.1 Basteln einer Klasse $Wolf()$

Zunächst erstellen wir eine Klasse mit dem Namen *Wolf( )*. Der Name einer Klasse sollte immer mit einem Großbuchstaben beginnen, und es werden weder Unterstriche noch Leerzeichen verwendet. Nach dem Klassennamen folgen runde Klammern () und ein Doppelpunkt :, wonach der Klassenkörper beginnt. Im Klassenkörper werden die Attribute und Methoden des Objekts definiert, die implementiert werden sollen. Alles, was zum Klassenkörper gehört, wird eingerückt, um die Struktur und Zugehörigkeit der Inhalte deutlich zu machen.

```
1  class Wolf():
2      '''Klasse fuer Wolf'''
3
4  print(help(Wolf))
```

Mit dem $print(help(Klasse))$-Befehl kann man sich eine Hilfe ausgeben lassen, in der alle in dieser Klasse aufgeführten Methoden enthalten sind.

8.1.2 Konstruktor __init__

Mit der Methode *def __init__(self, attribut1, attribut2)* werden die Eigenschaften eines Objekts definiert. Die *__init__*-Methode wird oft als Konstruktor bezeichnet, obwohl sie technisch gesehen kein Konstruktor im klassischen Sinne ist. Sie dient dazu, ein Objekt der Klasse zu initialisieren, indem Attribute festgelegt werden, sobald ein Objekt erstellt wird.

Der Parameter *self* repräsentiert die Instanz des Objekts selbst und wird immer als erster Parameter übergeben. Die zusätzlichen Parameter (*attribut1*, *attribut2*, usw.) dienen dazu, die spezifischen Eigenschaften des Objekts zu setzen, wenn es erzeugt wird.

```python
class Wolf():
    '''Klasse fuer Wolf'''

    def __init__(self, groesse, alter, geschlecht):
        self.groesse   = groesse
        self.alter    = alter
        self.geschlecht = geschlecht
```

Das erste Argument jeder Klassenmethode ist *self*, welches auf die Instanz der Klasse verweist, von der die Methode aufgerufen wird. *self* ist notwendig, um auf die Attribute und Methoden der Klasse zugreifen zu können. Es muss bei der Definition von Methoden immer als erstes Argument angegeben werden und ermöglicht es, innerhalb der Klasse auf die Attribute zuzugreifen, wie zum Beispiel *self.groesse*.

Beim Aufruf der *__init__()*-Methode wird self automatisch übergeben, wodurch sichergestellt wird, dass alle Instanzattribute eindeutig der spezifischen Instanz zugeordnet sind, die gerade erstellt wird.

```python
class Wolf():
    '''Klasse fuer Wolf'''

    def __init__(self, groesse, alter, geschlecht):
        self.groesse   = groesse
        self.alter    = alter
        self.geschlecht = geschlecht

wolf1 = Wolf("gross", 11, "weiblich")
print(f"mein Wolf ist {wolf1.geschlecht}")
print(wolf1.groesse)
```

In der Zeile 9 wird ein Objekt der Klasse *Wolf* erstellt und *wolf1* genannt. Beim Erstellen des Objekts werden die Werte *gross* (Größe), 11 (Alter) und *weiblich* (Geschlecht) an den Konstruktor *__init__* übergeben. Das Objekt *wolf1* hat nun die Attribute Größe = *gross*, Alter = 11, und Geschlecht = *weiblich*. Die restlichen Zeilen sollten mit dem bisher Erlernten nun selbsterklärend sein.

8.1.3 Methoden erstellen

Anschließend wird die erste Methode in der Klasse *Wolf()* implementiert. Bei der Definition einer Methode innerhalb einer Klasse muss das Argument *self* immer als erstes eingebracht werden. Dadurch erhält die Instanz der Klasse, die erstellt wird, Zugriff auf die Methode. In der Zeile 13 wird die Methode *heulen()* über die Instanz aufgerufen.

```python
class Wolf():
    '''Klasse fuer Wolf'''

    def __init__(self, groesse, alter, geschlecht):
        self.groesse   = groesse
        self.alter    = alter
        self.geschlecht = geschlecht

    def heulen(self):
        print(f"{self.rufname}: auuuu")

wolf1 = Wolf("gross", 11, "weiblich")
wolf1.heulen()
```

Regel: Umgang mit Objekten und Attribute/Methoden

- **Attribute**: Attribute sollten in der Regel Adjektive sein, da sie die Eigenschaften des Objekts der Klasse beschreiben.
- **Zugriff auf Attribute**: Der Zugriff auf ein Attribut erfolgt mit der Notation *objekt.attribut*.
- **Benennung von Attributen**: Die Bezeichnungen der Attribute sollten als Substantive gewählt werden, jedoch in Kleinbuchstaben geschrieben werden.
- **Methodennamen**: Methodennamen sollten in Kleinbuchstaben geschrieben werden und wenn möglich Verben sein, da sie eine Aktion des Objekts beschreiben.
- **Aufruf einer Methode**: Der Aufruf einer Methode erfolgt mit *objekt.methode()*. Zum Beispiel: *wolf1.heulen()*.

8.2 Mit Klassen und Instanzen arbeiten

8.2.1 Erstellen einer Klasse *Auto*

Zur Übung erstellen wir eine neue Klasse *Auto*, die einen Konstruktor und vorerst eine
Funktion enthält.

```python
class Auto:
'''Definiert eine Klasse für Autos'''
  def __init__(self, marke, baujahr, farbe):
    '''Initialisiert die Attribute der Klasse'''
    self.marke = marke
    self.baujahr = baujahr
    self.farbe = farbe

  def ausgeben_information(self):
    '''Gibt eine vollständige Beschreibung des Autos zurück'''
    information = f"{self.baujahr} {self.marke} {self.farbe}"
    return information.title()

# Erstellen einer Instanz der Klasse Auto
mein_auto = Auto("BMW", 2021, "schwarz")
print(mein_auto.ausgeben_information())
```

Die Parameter *marke*, *baujahr* und *farbe* legen die grundlegenden Attribute des Autos
fest und werden durch **self** zu Instanzattributen *(self.baujahr, self.marke, self.farbe)*.
Die Methode *ausgeben_information()* erzeugt eine beschreibende Zeichenkette, die
das Baujahr, die Marke und den Verbrauch des Autos enthält. Der *title()*-Aufruf stellt
sicher, dass in der Ausgabe jedes Wort mit einem Großbuchstaben beginnt. Eine Instanz
der Klasse Auto wird erstellt und *mein_auto* genannt. Anschließend wird eine weitere
Funktion hinzugefügt, die auch aufgerufen wird. Zuvor aber fügen wir noch ein weiteres
Attribut hinzu und setzen dieses auf einen Standardwert.

```python
class Auto():
    def __init__(self, marke, baujahr, farbe, kilometerstand):
        '''Initialisiert die Attribute der Klasse'''
                :
        self.kilometerstand = 0 #Attribut hinzufuegen

    def ausgeben_information(self):
        ....
    '''Neue Methode zum Lesen des Kilometerstands'''
    def auslesen_kilometerstand(self):
        '''Gibt den aktuellen Kilometerstand aus'''
      print(f"Kilometerstand: {self.kilometerstand} km")

meinAuto = Auto("BMW", 2021, "schwarz") #erstellen Instanz
meinAuto.auslesen_kilometerstand()
```

Wir fügen der Klasse Auto ein neues Attribut *kilometerstand* hinzu, das den Kilometerstand des Autos repräsentiert. Dieses Attribut wird beim Erstellen des Objekts auf 0 gesetzt. Das bedeutet, dass das Auto zu Beginn immer 0 km hat. Die Methode *auslesen_kilometerstand()* wird aufgerufen, um den aktuellen Kilometerstand des Autos anzuzeigen, der zu Beginn 0 km beträgt.

8.2.2 Attributwert bearbeiten

Zur Bearbeitung von Attributwerten gibt es drei Möglichkeiten:

1. Direkte Änderung in der Instanz: Der Attributwert wird direkt über die Instanz des Objekts geändert.

```python
class Auto():
    :
meinAuto = Auto("BMW", 2021, "schwarz")

meinAuto.kilometerstand=24   # direkt
meinAuto.auslesen_kilometerstand()
```

2. Änderung durch eine Methode: Eine Methode wird definiert, die den Attributwert anpasst.

```python
class Auto():
    :
    def aktualisiere_kilometerstand(self, kilometerstand):
        '''neue Methode'''
        self.kilometerstand = kilometerstand

meinAuto = Auto("BMW", 2021, "schwarz")

meinAuto.aktualisiere_kilometerstand(245) # durch neue Methode
meinAuto.auslesen_kilometerstand()
```

3. Änderung durch Inkrementierung: Der Attributwert wird durch eine Methode inkrementell verändert, zum Beispiel, um ihn zu erhöhen oder zu verringern.

```python
class Auto():
    :
    def erhoehe_kilometerstand(self, kilometerstand):
        ''' Methode der Inkrementierung '''
        self.lese_kilometerstand += kilometerstand

meinAuto = Auto("BMW", 2021, "schwarz")
meinAuto.aktualisiere_kilometerstand(245)
meinAuto.auslesen_kilometerstand()

meinAuto.erhoehe_kilometerstand(45) # Inkrementierung
meinAuto.auslesen_kilometerstand()
```

8.2.3 Vererbung

Attribute und Methoden von Klassen können vererbt werden. Dabei gilt eine Eltern-Kind-Beziehung, auch als Vererbung (Inheritance) bezeichnet. Die Eltern-Klasse (auch "Basisklasse" oder "Superklasse" genannt) ist die ursprüngliche Klasse, von der die Kind-Klasse (auch "Unterklasse" oder "Subklasse" genannt) erbt. Die Kind-Klasse übernimmt alle Attribute und Methoden der Eltern-Klasse und kann zusätzlich ihre eigenen Attribute und Methoden definieren.

8.2.3.1 Kind-Klasse

Wir erstellen eine Kind-Klasse. Dazu muss die Eltern-Klasse ebenfalls in derselben Datei vorhanden sein und vor der Definition der Kind-Klasse stehen. Bei der Definition der Kind-Klasse wird der Name der Eltern-Klasse in Klammern angegeben (Zeile 4). In diesem Beispiel erstellen wir ein Elektroauto (eAuto) auf der Grundlage der Klasse Auto.

Mit *super()* wird die Verbindung zwischen Eltern-Klasse und Kind-Klasse hergestellt und der Konstruktor der Eltern-Klasse aufgerufen, sodass alle Attribute der Eltern-Klasse in der Kind-Klasse übernommen werden können und auch ihre Methoden aufgerufen werden können, so wie im nachfolgenden Beispiel aufgeführt.

```python
class Auto():
    :
# Definition der Kindklasse ECar, die von der Klasse Auto erbt
class eAuto(Auto):
    '''Stellt ein Elektroauto dar, basierend auf class(Auto)'''

    def __init__(self, marke, baujahr, farbe, leistung):
        '''Initialisiert Attribute der Elternklasse'''
        super().__init__(marke, baujahr, farbe)
        self.leistung = leistung   #Neues Attribut

# Erstellen einer Instanz der Kindklasse ECar
mein_eAuto = eAuto("TOGG", 2024, "urla", 250)
print(mein_eAuto.ausgeben_information())
```

8.2.3.2 Attribute und Methoden der Kind-Klasse

Wir erweitern die Kind-Klasse *eAuto*, indem wir neben den geerbten Attributen und Methoden der Eltern-Klasse Auto zusätzliche Attribute und Methoden definieren. Dies ermöglicht es uns, die Funktionalität der Kind-Klasse zu erweitern, um speziellere Anforderungen zu erfüllen.

```python
class Auto():
:
class eAuto(Auto):
  def __init__(self, marke, modell, baujahr, leistung):
    '''Initialisiert Attribute der Elternklasse'''
    super().__init__(marke, modell, baujahr)
    self.leistung = 320

  def auslesen_leistung(self):
    '''Gibt die Leistung des Autos aus'''
    print(f"Dieses eAuto hat eine Leistung mit \
    {self.leistung}-kW Kapazität.")

mein_eAuto = eAuto("TOGG", 2024, "urla", 250)
print(mein_eAuto.ausgeben_information())
mein_eAuto.auslesen_leistung()
```

In diesem Fall wird Attribut *leistung* auf den Wert 320 gesetzt. Dies überschreibt den Wert, der beim Erstellen der Instanz übergeben wird, was darauf hindeutet, dass 320 ein Standardwert ist, während die übergebenen Argumente ignoriert werden. Die Methode *auslesen_leistung()* wird definiert, um die Leistung des Elektroautos auszugeben. *print()* gibt die Leistung in Kilowatt (kW) aus, basierend auf dem Wert von *self.leistung*. Eine Instanz der Klasse *eAuto* wird erstellt und *mein_eAuto* genannt. Allerdings wird der übergebene Wert für *leistung* ignoriert, da die *leistung* in der Kind-Klasse fest auf 320 gesetzt wird. Der Aufruf von *auslesen_leistung()* gibt die Leistung des Autos aus. Der Code zeigt, wie Vererbung genutzt werden kann, um eine allgemeine Klasse (Auto) zu erweitern, indem eine spezialisierte Kind-Klasse (eAuto) erstellt wird, die über zusätzliche Attribute und Methoden verfügt.

8.2.3.3 Methode der Eltern-Klasse überschreiben

Dieser Code zeigt, wie eine Methode der Elternklasse in einer Kindklasse überschrieben werden kann. Das Überschreiben ist sinnvoll, wenn die geerbte Methode für das Verhalten des Kindobjekts nicht geeignet ist. Schauen wir uns den Code genauer an:

```python
class Auto():
  def __init__(self, marke, baujahr, farbe):
    self.marke = marke
    self.baujahr = baujahr
    self.farbe = farbe

  def ausgeben_information(self):
    '''Gibt eine vollständige Beschreibung des Autos zurück'''
    information = f"{self.baujahr} {self.marke} {self.farbe}"
    return information.title()

  def befuellen_tank(self):
    print("Benzin 60l")
```

```python
15  class eAuto(Auto):
16    def __init__(self, marke, baujahr, farbe):
17      super().__init__(marke, baujahr, farbe)
18
19    def befuellen_tank(self):    # Methode wird überschrieben
20      print("Kein Tank vorhanden")
21
22  mein_eAuto = eAuto("TOGG", 2024, "urla")
23  print(mein_eAuto.ausgeben_information())
24  mein_eAuto.befuellen_tank()
```

Die Kind-Klasse *eAuto* erbt von der Eltern-Klasse Auto und überschreibt die Methode *befuellen_tank()*. Die Methode *befuellen_tank()* der Eltern-Klasse ist für herkömmliche Fahrzeuge gedacht und gibt "Benzin 60l" aus. Da Elektroautos keinen Benzintank haben, wird die Methode *befuellen_tank()* in der Kind-Klasse überschrieben, um das passende Verhalten zu definieren: "Kein Tank vorhanden". Das Überschreiben der Methode sorgt dafür, dass die Kind-Klasse ihr eigenes spezifisches Verhalten implementieren kann, anstatt das Verhalten der Eltern-Klasse zu übernehmen.

8.2.4 Klassen unterteilen

Große Klassen, die eine Vielzahl von Methoden und Attributen enthalten, können sinnvoll in kleinere Klassen unterteilt werden. Dadurch wird der Code modularer und besser wartbar. Die unterteilten Klassen arbeiten jedoch weiterhin eng zusammen. In diesem Beispiel wird die Klasse *eAuto* von der Klasse *Battery* unterstützt.

```python
1   class Auto:
2     def __init__(self, marke, baujahr, farbe):
3       self.marke = marke
4         self.baujahr = baujahr
5       self.farbe = farbe
6
7     def ausgeben_information(self):
8       information = f"{self.baujahr} {self.marke} {self.farbe}"
9       return information.title()
10
11  # Neue Klasse Batterie
12  class Batterie:
13    def __init__(self, batteriekapazitaet=88):
14      '''Initialisiert die Batterie \
15      mit einer Standardkapazität von 88 kWh'''
16      self.batteriekapazitaet = batteriekapazitaet
17
18    def beschreibe_batterie(self):
19      '''Gibt die Batteriekapazität des Autos aus'''
20      print(f"Dieses eAuto hat eine Batterie mit \
21        {self.batteriekapazitaet}-kWh Kapazität.")
22
23
```

```python
24  class eCar(Auto):
25      def __init__(self, marke, baujahr, farbe):
26          '''Initialisiert Attribute der Elternklasse und \
27              fügt eine Batterie hinzu'''
28          super().__init__(marke, baujahr, farbe)
29          self.batterie = Batterie()  # Instanz von Batterie
30
31  # Erstellen einer Instanz der Klasse eCar
32  mein_eAuto = eAuto("TOGG", 2024, "urla")
33
34  # Ausgabe
35  print(mein_eAuto.ausgeben_information())
36  mein_eAuto.batterie.beschreibe_batterie()
```

Die Klasse *Auto* stellt grundlegende Informationen zu einem Auto bereit, wie Marke, Baujahr und Farbe. Die Methode *ausgeben_information()* gibt eine beschreibende Zeichenkette des Autos zurück. Die Klasse *Batterie* wird hinzugefügt, um speziell die Batterie eines Elektroautos zu modellieren. Der Konstruktor *__init__* verwendet den Parameter *batteriekapazitaet* mit einem Standardwert von 88 kWh. Dies bedeutet, dass eine Batterie automatisch eine Kapazität von 88 kWh hat, wenn kein anderer Wert angegeben wird. Die Methode *beschreibe_batterie()* gibt die aktuelle Batteriekapazität aus. Die Klasse *eAuto* erbt von der Klasse Auto. Im Konstruktor der Kindklasse *__init__* wird der Konstruktor der Elternklasse mit *super().__init__(marke, baujahr, farbe)* aufgerufen, um die Attribute Marke, Baujahr und Farbe zu initialisieren. Außerdem wird ein neues Attribut *batterie* hinzugefügt, das eine Instanz der Klasse *Batterie* ist. Dadurch hat jedes *eAuto* eine eigene Batterie, die als Attribut gespeichert wird. Eine Instanz der Klasse *eAuto* wird erstellt, und die Attribute Marke, Baujahr und Farbe werden gesetzt. Die Methode *ausgeben_information()* gibt die Beschreibung des Autos aus: "2024 TOGG urla". Das Attribut batterie wird verwendet, um die Methode *beschreibe_batterie()* aufzurufen. Dadurch wird die Batteriekapazität des Elektroautos ausgegeben

8.2.5 Klassen importieren

Die Klasse *Auto* wird in eine separate Datei *importAuto.py* ausgelagert, um den Code
modularer und wiederverwendbarer zu gestalten. In der Datei *main.py* wird die Klasse
Auto importiert und verwendet. Das Verwenden von Modulen (wie *importAuto.py*) hilft
dabei, den Code zu organisieren, insbesondere wenn Projekte größer und komplexer
werden. Auf diese Weise bleibt die Wartbarkeit des Codes gewährleistet, und häufig
verwendete Klassen und Funktionen können leicht in verschiedenen Projekten verwendet
werden. Das *from importAuto import Auto*-Statement ermöglicht es, nur die spezifische
Klasse oder Funktion zu importieren, die benötigt wird. Anschließend wird eine Instanz
meinAuto erstellt

```python
from importAuto import Auto

meinAuto = Auto("BMW", 2021, "schwarz") #erstellen Instanz
print(meinAuto.ausgeben_information())
```

Des Weiteren ist es auch möglich, jede Klasse in einer eigenen separaten Datei zu
speichern und diese dann einzeln in einem anderen Skript aufzurufen. Dies erhöht
die Modularität des Codes und macht ihn leichter wartbar und wiederverwendbar,
insbesondere in größeren Projekten.

Kapitel 9
Datei lesen, beschreiben und erstellen

Die Verarbeitung von Dateien ist eine grundlegende Fähigkeit in der Programmierung, um Daten persistent zu speichern, auszutauschen und zu verarbeiten. Python bietet hierfür einfache und mächtige Werkzeuge: Mit der Funktion *open()* können Dateien in verschiedenen Modi (Lesen, Schreiben, Anhängen) geöffnet und mit Methoden wie *read()*, *write()* oder *readlines()* bearbeitet werden. Dieses Kapitel führt in den Umgang mit Textdateien ein und behandelt zudem die strukturierte Verarbeitung von CSV-Dateien mithilfe des *csv*-Moduls. Darüber hinaus wird das *os*-Modul vorgestellt, das systemnahe Operationen wie das Umbenennen, Löschen oder Erstellen von Dateien und Verzeichnissen ermöglicht. Besonderes Augenmerk liegt auf der sicheren Dateihandhabung mit dem *with*-Statement, das eine automatische Schließung der Datei gewährleistet und Ressourcenlecks vermeidet. Diese Techniken sind unverzichtbar für Anwendungen, die mit externen Datenquellen arbeiten, Berichte generieren oder Konfigurationsdateien verwalten.

9.1 Datei öffnen mit *open()*

Bevor eine Datei gelesen bzw. beschrieben werden kann, muss sie zunächst mit der Funktion *open(file_name [,acces_mode])* geöffnet werden, so wie in dem nachfolgendem Beispiel.

```
datei = open("beispiel.txt", "r")
```

An der Stelle von *file_name* wird der Name der zu öffnenden Datei angegeben. Für *access_mode* wird der gewünschte Modus festgelegt, der die Art des Zugriffs bestimmt, z. B. ob die Datei nur gelesen oder auch beschrieben werden soll. Dieser Modus legt fest, welche Aktionen mit der Datei durchgeführt werden dürfen. In Tabelle 9.1 sind alle möglichen Modi und ihre jeweiligen Beschreibungen aufgeführt.

Tabelle 9.1 Übersicht der Modi zu *acces_mode*

Modi	Beschreibung
r	Reading (nur Lesen, default mode)
r+	Lesen und Schreiben
w	Writing (Schreiben); überschreibt die aktuelle Datei
w+	Schreiben und Lesen
rb	Lesen im binärer Format
rb+	Lesen und Schreiben im binärer Format
wb	Schreiben im binärer Format
wb+	Schreiben und Lesen im binärer Format
a	Appending (öffnet zum Anhängen)
ab	Anhängen im binärer Format
a+	Anhängen und Lesen
ab+	Anhängen und Lesen im binärer Format

Erhalte Informationen zur Datei

Die folgenden drei Methoden aus der Tabelle 9.2 ermöglichen es, Informationen über eine geöffnete Datei abzurufen. Mit *.closed* kann überprüft werden, ob die Datei bereits geschlossen wurde; dabei wird ein Boolean-Wert (*True* oder *False*) zurückgegeben. Die Methode *.mode* zeigt den verwendeten Zugriffsmodus der Datei an, während *.name* den Dateinamen zurückgibt.

Tabelle 9.2 Übersicht Modis zu *acces_mode*

Methode	Beschreibung
.closed	TRUE, wenn geschlossen
.mode	gibt *acces_mode* zurück
.name	Rückgabe Dateiname

Dazu erstellen wir eine Datei namens *beispiel.txt*, die im selben Ordner wie das Python-Skript abgelegt wird. Anschließend öffnen wir sie und führen alle drei Methoden aus, wie im folgenden Beispiel gezeigt.

```python
datei = open("beispiel.txt")

print ("Datename: ", datei.name)
print ("Closed: ", datei.closed)
print ("Mode: ", datei.mode)
```

9.2 Methodenübersicht

9.2.1 Datei schließen mit *close()*

Eine geöffnete Datei wird mit der Methode *.close()* geschlossen. Danach ist kein Zugriff mehr auf die Datei möglich, bis sie erneut geöffnet wird. Es ist dringend zu empfehlen, eine Datei nach der Verwendung immer zu schließen, um Systemressourcen freizugeben und mögliche Fehler zu vermeiden.

```python
datei = open("beispiel.txt")

print ("Datename: ", datei.name)
print ("Closed: ", datei.closed)
print ("Mode: ", datei.mode)

datei.close()
```

9.2.2 Datei lesen mit *read()*

Mit der Methode *.read(size)* wird der Inhalt einer Datei gelesen. Der Parameter *size* kann einen Integer-Wert enthalten, der angibt, wie viele Zeichen aus der Datei gelesen werden sollen. Wenn *size=-1* angegeben wird, wird der gesamte Inhalt der Datei gelesen. Dies ist auch das Standardverhalten, wenn kein *size*-Wert angegeben wird.

```python
datei = open("beispiel.txt", "r")

str = datei.read()
print("Inhalt:\n ", str)

datei.close()
```

9.2.3 Datei auslesen mit *readline()*

Die Methode *.readline(size)* liest die erste Zeile der Datei bis zum Zeilenumbruch. Wenn ein *size*-Wert angegeben wird, wird nur die entsprechende Anzahl an Zeichen aus der Zeile gelesen, jedoch maximal bis zum Ende der Zeile.

```python
datei = open("beispiel.txt", "r")

zeile = datei.readline()
print (f"Lese Zeile: {zeile}")

datei.close()
```

9.2.4 Datei auslesen mit *readlines()*

Die Methode *.readlines(hint)* liest jede Zeile einer Datei und speichert sie als separate
Elemente in einer Liste, z. B. [Zeile1, Zeile2, ...]. Der Parameter *hint* kann einen
Integer-Wert enthalten, der angibt, wie viele Zeichen insgesamt gelesen werden sollen.
Dabei werden jedoch immer vollständige Zeilen behandelt: Wenn der *hint*-Wert über
das Ende der ersten Zeile hinausgeht, aber innerhalb der zweiten Zeile endet, wird die
erste Zeile vollständig gelesen und die zweite ignoriert.

```python
datei = open("beispiel.txt", "r")

zeile = datei.readlines()
print (f"Lese Zeile: {zeile}")

datei.close()
```

9.2.5 Datei bearbeiten mit *truncate()*

Die Methode *.truncate(byte)* kürzt den Inhalt einer Datei auf die angegebene Anzahl von
Bytes (*byte*) ab. Damit diese Methode verwendet werden kann, muss die Datei im Modus
"r+" geöffnet werden, der sowohl Lese- als auch Schreibrechte gewährt. Schreibrechte
sind erforderlich, da der Inhalt der Datei durch diese Operation verändert wird.

```python
datei = open("beispiel.txt", "r+")

zeile = datei.readline()
print (f"Lese Zeile: {zeile}")

datei.truncate(12)
zeile = datei.readlines()
print (f"Lese Zeile: {zeile}")

datei.close()
```

Die Datei "beispiel.txt" wird im Modus "r+" geöffnet, um sowohl Lesen als auch
Schreiben zu ermöglichen. Die erste Zeile der Datei wird gelesen und ausgegeben.
Anschließend wird der Inhalt der Datei auf die ersten 12 Zeichen gekürzt, wobei der Rest
des Inhalts abgeschnitten wird. Danach wird der verbleibende Inhalt der Datei erneut
gelesen und ausgegeben. Schließlich wird die Datei geschlossen, um die Ressource
freizugeben.

9.2.6 Datei beschreiben mit write()

Mit der Methode *.write()* wird in eine geöffnete Datei geschrieben. Dazu muss die Datei mindestens im Modus "w" (Schreibmodus) geöffnet werden, um Schreibrechte zu erhalten.

```
1  datei = open("beispiel.txt", "w")
2
3  datei.write("Wir beschreiben jetzt die Datei.")
4
5  datei.close()
```

9.2.7 Datei beschreiben mit *writelines()*

Mit *.writelines(sequence)* wird eine Sequenz von mindestens einer Zeile in die geöffnete Datei geschrieben. Um die Sequenz an das Ende des vorhandenen Inhalts anzuhängen, kann die Methode *.seek(0, 2)* verwendet werden. Der Parameter (0, 2) positioniert den Dateizeiger ans Ende der Datei, sodass alle folgenden Schreiboperationen den bestehenden Inhalt erweitern. Mit *.seek(offset, [from])* wird der Dateizeiger auf eine bestimmte Position in der Datei gesetzt, um von dort aus weiter zu arbeiten. Der Parameter *offset* gibt die Anzahl der Bytes an, um die der Dateizeiger verschoben werden soll, und *from* gibt an, von welcher Referenzstelle aus die Verschiebung erfolgt, siehe Tabelle 9.3.

Tabelle 9.3 Mögliche Werte für *seek()*

Wert für $offset[, from]$	Beschreibung
0	Beginn der Datei (Standardwert, wenn *from* nicht angegeben wird)
1	Aktuelle Position des Dateizeigers
2	Ende der Datei

Um von Beginn der Datei aus etwas zu bearbeiten, kann datei.seek(0, 0) verwendet werden, wodurch der Dateizeiger auf den Anfang der Datei gesetzt wird.

```
1  datei = open("beispiel.txt", "r+")
2
3  seq = ["Das ist ein Zusatz\n"]
4  datei.seek(0, 2)
5  zeile = datei.writelines(seq)
6
7  datei.close()
```

Die Datei "beispiel.txt" wird im Modus "r+" geöffnet. *seq* ist eine Liste, die eine Zeile enthält: "Das ist ein Zusatz". Das \n am Ende der Zeichenfolge stellt sicher, dass nach dem Text ein Zeilenumbruch hinzugefügt wird, sodass der nächste Text in der Datei in einer neuen Zeile beginnt. *datei.seek(0, 2)* bewegt den Dateizeiger ans Ende der Datei. Der erste Parameter (0) gibt an, dass der Dateizeiger um keinen weiteren Offset verschoben wird. Der zweite Parameter (2) bedeutet, dass der Dateizeiger relativ zum Ende der Datei positioniert wird. *datei.writelines(seq)* schreibt die Inhalte der Liste *seq* in die Datei. *datei.close()* schließt die Datei, speichert alle Änderungen und gibt die Systemressourcen frei.

9.2.8 Textposition mit *tell()*

Die Methode *.tell()* gibt die aktuelle Position des Dateizeigers zurück, also die Stelle, an der sich der Lese- oder Schreibvorgang befindet. Die Position hängt davon ab, wie viele Zeichen bereits gelesen wurden, z. B. wenn die Methode *read(zahl)* verwendet wurde, gibt *.tell()* die Position nach dem zuletzt gelesenen Zeichen zurück, basierend auf der angegebenen Anzahl (*zahl*).

```python
datei = open("beispiel.txt", "r")

da = datei.read(10)
print ("Inhalt:\n ", da)

laenge = datei.tell()
print ("Aktuelle Laenge: ", laenge)

datei.close()
```

datei.read(10) liest die ersten 10 Zeichen der Datei und speichert sie in der Variable *da*. *datei.tell()* gibt die aktuelle Position des Dateizeigers in der Datei zurück. Da mit *read(10)* die ersten 10 Zeichen gelesen wurden, befindet sich der Dateizeiger nun bei Position 10.

9.2.9 Datei öffnen mit *with*-Statement

Mit dem *with*-Statement wird eine Datei geöffnet und nach Ausführung der Anweisungen im *with*-Block automatisch wieder geschlossen. Dies sorgt dafür, dass die Datei immer korrekt freigegeben wird, auch wenn während der Ausführung des Blocks Fehler auftreten.

```python
with open("filename.txt", "r") as myfile:
    content = myfile.read()
    print(content)
    #datei wird geschlossen
```

Wenn man eine Datei mit *with open(...)* öffnet, wird die Datei nach Beendigung des Blocks automatisch geschlossen. Dies geschieht unabhängig davon, ob im Block ein Fehler aufgetreten ist oder nicht. Dadurch wird sichergestellt, dass keine Ressourcen verloren gehen und die Datei nicht länger als nötig blockiert bleibt. Der Code ist übersichtlicher und einfacher zu schreiben, da das manuelle Schließen der Datei wegfällt. Dadurch wird das Risiko von unbeabsichtigt geöffneten Dateien minimiert. Wenn eine Datei normal geöffnet wird und ein Fehler während der Ausführung auftritt, besteht die Gefahr, dass *file.close()* nie erreicht wird, wenn es nicht richtig behandelt wird. Das *with*-Statement stellt jedoch sicher, dass die Datei immer korrekt geschlossen wird, auch wenn während der Ausführung des Blocks eine Ausnahme auftritt.

9.3 CSV-Dateien behandeln

Um eine CSV-Datei zu bearbeiten, muss zunächst das zugehörige Modul *import csv* eingebunden werden. CSV-Dateien tragen die Dateiendung *.csv*, was für "Comma Separated Values" steht. Das bedeutet, dass die Werte innerhalb einer Zeile in der Datei durch Kommas voneinander getrennt sind. Allerdings gibt es oft CSV-Dateien, bei denen der Separator anstelle eines Kommas ein Semikolon ist. Daher ist es sinnvoll, den Inhalt einer CSV-Datei vorher anzuschauen, um sicherzustellen, welcher Separator verwendet wird.

9.3.1 CSV-Dateien auslesen

In dem folgenden Beispiel wird eine CSV-Datei zunächst geöffnet (Zeile 3) und anschließend mit der Methode *csv.reader(filename, delimiter)* ausgelesen. Für *filename* wird die Variable aus Zeile 3 verwendet, die die geöffnete Datei referenziert. Als *delimiter* wird hier der Separator (;) angegeben. Wenn es sich tatsächlich um eine klassische CSV-Datei handelt, bei der die Werte durch Kommas getrennt sind, sollte (,) als *delimiter* verwendet werden. Mit einer *for*-Schleife wird dann der Inhalt Zeile für Zeile ausgegeben. Die Anweisung in Zeile 7 (*row[Index]*) ermöglicht es, gezielt eine bestimmte Spalte aus jeder Zeile auszugeben. Am Ende des Programms wird die geöffnete Datei ordnungsgemäß geschlossen. Das Schließen der Datei ist wichtig, um sicherzustellen, dass alle Ressourcen freigegeben werden und keine Dateisperrungen zurückbleiben.

```python
import csv

csvdatei = open("Datensatz.csv")
csv_object = csv.reader(csvdatei, delimiter=';')
for row in csv_object:
    print(row)
    #print(row[0],row[1]) gezielte Zeilen
```

9.3.2 CSV-Dateien beschreiben

In diesem Beispiel wird eine CSV-Datei mit dem Inhalt zweier Listen befüllt. Die Datei wird im Schreibmodus (”w”) geöffnet, wodurch Schreibrechte zugewiesen werden. Um unerwünschte Leerzeilen in der CSV-Datei zu vermeiden, wird das Argument *newline=' '* verwendet.

Mit der Methode *writerow()* wird der Inhalt der Liste *spalten* als Spaltennamen in die Datei geschrieben. Anschließend wird mit der Methode *writerows()* der Inhalt der Liste *zellen* als Spalteninhalt in die Datei eingefügt.

Wenn die Datei danach in Excel geöffnet wird, wird sie als Tabelle dargestellt, wobei die Spaltenbezeichnungen aus der Liste spalten und die dazugehörigen Werte aus der Liste zellen angezeigt werden. Die Datei *Datensatz.csv* enthält zwei Spalten mit jeweils etwa 20 Werten.

Diese Vorgehensweise ermöglicht eine strukturierte Darstellung der Daten in Excel oder anderen Tabellenkalkulationsprogrammen.

```python
import csv

spalten = ['Name', 'Branch', 'Year', 'CGPA']
zellen = [ ['Nikhil', 'COE', '2', '9.0'],
           ['Sanchit', 'COE', '2', '9.1'],
           ['Aditya', 'IT', '2', '9.3'],
           ['Sagar', 'SE', '1', '9.5'],
           ['Prateek', 'MCE', '3', '7.8'],
           ['Sahil', 'EP', '2', '9.1']]

csvdatei = open("Datensatz3.csv",'w',newline='')
schreiben = csv.writer(csvdatei, delimiter = ";")

schreiben.writerow(spalten)
schreiben.writerows(zellen)

csvdatei.close()
```

9.4 Modul os

Um Dateien Löschen oder Umbenennen zu können, müsste zuerst ein Modul *import os* aktiviert werden. *os* steht für Operation System. Mit diesem Modul wird auf Funktionen, die das Betriebssystemmodul zur Verfügung stellt, zugegriffen. Um Dateien zu löschen oder umzubenennen, muss zuerst das Modul *import os* eingebunden werden. Das Modul os steht für "Operating System"und ermöglicht den Zugriff auf verschiedene Funktionen, die vom Betriebssystem bereitgestellt werden. Damit können beispielsweise Dateien gelöscht, umbenannt oder Verzeichnisse verwaltet werden, indem auf Funktionen des Betriebssystems zugegriffen wird.

9.4.1 Datei umbenennen mit *rename()*

Mit der Methode *os.rename(alt, neu)* wird eine Datei umbenannt, indem der alte Dateiname (*alt*) durch einen neuen Dateinamen (*neu*) ersetzt wird.

```
1  import os
2
3  os.rename( "beispiel2.txt", "text2.txt" )
```

9.4.2 Datei löschen mit *remove()*

Mit der Methode *os.remove(file)* wird die angegebene Datei gelöscht. Liegt die Datei in einem anderen Pfad als dem aktuellen Verzeichnis, muss der gesamte Pfad angegeben werden, damit die Datei gefunden und entfernt werden kann.

```
1  import os
2
3  os.remove("text2.txt" )
```

9.4.3 Ordner erzeugen mit *mkdir()*

Mit der Methode *os.mkdir()* wird ein neuer Ordner im aktuellen Verzeichnis erstellt.

```
1  import os
2
3  os.mkdir("Ordner")
```

9.4.4 Aktuelles Verzeichnis mit *getcwd()*

Die Methode *os.getcwd()* gibt das aktuelle Arbeitsverzeichnis zurück.

```python
import os

erg = os.getcwd()
print(erg)
```

Der Code gibt das aktuelle Arbeitsverzeichnis zurück, in dem das Python-Skript gerade ausgeführt wird.

9.4.5 Verzeichnis löschen mit *rmdir()*

Mit der Methode *os.rmdir(Pfad)* wird der Ordner im angegebenen Verzeichnis gelöscht. Dabei muss der Ordner leer sein, da *os.rmdir()* nur leere Verzeichnisse entfernen kann.

```python
import os

os.rmdir("Ordner/newdir2")
```

Kapitel 10
Learning by Doing

Dieses Kapitel bietet eine umfassende Sammlung von Übungsaufgaben, die in der Reihenfolge der Lernschritte aufgeführt sind und Schritt für Schritt in die grundlegenden Konzepte der Programmierung mit Python einführen. Von ersten Rechenoperationen und Variablen über den Umgang mit Zeichenketten und strukturierten Daten bis hin zu Kontrollstrukturen, Funktionen und objektorientierter Programmierung wird jeder wesentliche Aspekt durch anwendungsbezogene Aufgaben erlernt und vertieft. Die Aufgaben sind darauf ausgelegt auch praktische Programmierfähigkeiten zu entwickeln. Die strukturierte Abfolge ermöglicht einen logischen Lernpfad.

10.1 Erste Schritte

a) Aufgabe 1: Führen Sie einige Berechnungen in Python durch, indem Sie die fehlenden Zeichen in die Lücken einsetzt. Geben Sie die Befehle ein und beobachten Sie was passiert.

In [1]: $1 + \rule{2cm}{0.4pt}$	Out [1]: 5
In [2]: $12 \rule{1.5cm}{0.4pt} 6$	Out [2]: 6
In [3]: $\rule{2cm}{0.4pt} \times 4$	Out [3]: 20
In [4]: $49/7$	Out [4]: $\rule{2cm}{0.4pt}$

b) Aufgabe 2: Was ist der Unterschied zwischen folgenden Anweisungen?

$$10 \div 4$$
$$10.0 \div 4$$
$$10.0 \div 4.0$$
$$10 // 4$$
$$10 \times 0.25$$

c) Aufgabe 3: Welche Operationen ergeben 8?

$$0 + 8$$
$$4 - (-4)$$
$$65 \,/\!/\, 8$$
$$17 \,\% \, 9$$
$$2 \times 4$$
$$64 * {*}0.5$$

d) Aufgabe 4: Zahlen und Rechenergebnisse können Sie in Variablen gespeichert
    werden. Ergänzen Sie die Lücken.

$$
\begin{array}{lll}
\text{In [1]:} & \text{apfel} = 23 \\
\text{In [2]:} & \text{banane} = 8 \\
\text{In [3]:} & \text{kirsche} = 3 \\
\text{In [4]:} & \text{apfel} \\
\text{Out [4]:} & \underline{\qquad\qquad} \\
\text{In [5]:} & \text{banane} + 2 \\
\text{Out [5]:} & \underline{\qquad\qquad} \\
\text{In [6]:} & 3 * \text{kirsche} \\
\text{Out [6]:} & \underline{\qquad\qquad} \\
\end{array}
$$

e) Aufgabe 5: Ändern Sie den Inhalt der Variablen aus Aufgabe 4 so, dass das
    Ergebnis stimmt:

$$
\begin{array}{lll}
\text{In [7]:} & \text{apfel} = \text{apfel} + 1 \\
\text{In [8]:} & \text{apfel} \\
\text{Out [8]:} & \underline{\qquad\qquad} \\
\end{array}
$$

$$
\begin{array}{lll}
\text{In [7]:} & \text{obst} = \underline{\qquad} + \underline{\qquad} + \underline{\qquad} \\
\text{In [8]:} & \text{obst} \\
\text{Out [8]:} & 42 \\
\end{array}
$$

f) Aufgabe 6: Welche Zuweisungen an Variablen sind korrekt?

$$a = 1 \times 2$$
$$2 = 1 + 1$$
$$5 + 6 = y$$
$$\text{acht} = 3 \times 4$$

g) Aufgabe 7: Berechnen Sie die Quersumme der letzten drei Ziffern von 2^{100}.

```
1  print(2**100)
2  print(2**100 % 10)
3  print((2**100 // 10) % 10)
4  print((2**100 // 100) % 10)
5
6  print(2**100 % 10 + (2**100 // 10) % 10 + (2**100 // 100) % 10)
```

h) Aufgabe 8: Erzeugen Sie mindestens drei Fehlersituationen (z.B. Division durch 0; extreme hohe Potenzberechnung)

i) Aufgabe 9: Setzen Sie die folgenden Programmteile in den Code ein, sodass alle Befehle korrekt ausgeführt werden: *alter*, *int(alter)*, *name*, *str(geboren)*, 1915

name = "Frau Mustermann"

geboren = ____________

jahr_geboren = "44"

text = name + " kam im Jahr " + jahr_geboren + " zur Welt."

jahr = geboren + ____________

print(text)

print(jahr)

j) Aufgabe 10: Ergänzen Sie die folgenden Anweisungen durch *int*() oder *str*(), sodass sie alle funktionieren.

$$9 + 9$$
$$9 + {'}9{'}$$
$${'}9{'} + {'}9{'}$$
$$9 \times {'}9{'}$$

k) Aufgabe 11: Welche *print*-Anweisungen funktionieren?

```
1      print("7" + "7")
2      print("neun")
3      print(str(7) + "neun")
4      print(7 + 7)
5      print(7 + int("7"))
6      print(sieben)
7      print(float("7") + int(7.0))
```

l) Aufgabe 12: Das folgende Programm soll den Umfang eines Kreises berechnen. Es enthält zwei Fehler. Finden und beheben Sie diese.

```
pi = 3.14159
radius = input("Gib bitte den Radius an: ")
umfang = 2 * pi * radius

print("Der Umfang betraegt: " + umfang)
```

m) Aufgabe 13: Schreiben Sie ein Programm, dass auf der Konsole den Text "Hallo, wie ...." ausgibt.

n) Aufgabe 14: Weisen Sie ein Text einer Variable zu und geben Sie diese aus. Ändern Sie anschließend diesen Text und geben diesen auch aus.

o) Aufgabe 15: Weisen Sie den Namen einer Person einer Variable zu und geben Sie eine einfache Nachricht an diese Person aus. Ändern Sie anschließend den Namen und geben die Nachricht aus.

p) Aufgabe 16: Weisen Sie den Namen einer Person einer Variable zu und geben Sie den Namen in Kleinbuchstaben, in Großbuchstaben sowie mit großen Anfangsbuchstaben aus.

q) Aufgabe 17: Geben Sie ein bekanntes Zitat und den Namen von dessen Urheber aus. Sollte wie folgt aussehen:
Vorname Name: "Zitat"

r) Aufgabe 18: Weisen Sie den Namen einer Person einschließlich einiger Leerzeichen am Anfang und Ende einer Variablen zu. Verwenden Sie dabei sowohl \t als auch \n jeweils mindestens einmal.

s) Aufgabe 19: Weisen Sie ihre Lieblingszahl einer Variablen zu. Stellen Sie mithilfe dieser Variablen eine Nachricht zusammen, in der diese Lieblingszahl angegeben wird, und geben Sie diese Nachricht aus.

t) Aufgabe 20: Schreiben Sie ein Programm, bei dem der User einen Preis ohne MwSt. eingibt und das Programm den Preis mit 16% Mehrwertsteuer ausgibt.

u) Aufgabe 21: Schreiben Sie ein Programm; dessen Eingabe soll der Normalpreis sein und wieviel Prozent Rabatt es auf den Artikel gibt. Ausgabe soll der Endpreis sein.

v) Aufgabe 22: Schreiben Sie ein Programm, das den User nach seinem Namen fragt und ihn dann mit seinem Namen begrüßt, z.B. "Hallo Pete! What's up?"

w) Aufgabe 23: Schreiben Sie ein Programm, bei dem der User Breite, Länge und Höhe eines Quaders angibt. Das Programm berechnet dann das Volumen, die Oberfläche und die Raumdiagonale.

x) Aufgabe 24: Schreiben Sie ein Programm, dass den Mittelwert von vier Zahlen, die einzugeben sind, berechnet.

10.2 Zeichenketten

a) Aufgabe 1: Schreiben Sie ein Programm, dass auf der Konsole den Text "Hallo, wie ...." ausgibt.

b) Aufgabe 2: Weisen Sie einen Text einer Variable zu und geben Sie diese aus. Ändern Sie anschließend diesen Text und geben diesen auch aus.

c) Aufgabe 3: Weisen Sie den Namen einer Person einer Variable zu und geben Sie eine einfache Nachricht an diese Person aus. Ändern Sie anschließend den Namen und geben die Nachricht aus.

d) Aufgabe 4: Weisen Sie den Namen einer Person einer Variable zu und geben Sie den Namen in Kleinbuchstbuchstaben, in Großbuchstaben sowie mit großen Anfangsbuchtaben aus

e) Aufgabe 5: Geben Sie ein bekanntes Zitat und den Namen von dessen Urheber aus. Sollte wie folgt aussehen:
Vorname Name: "Zitat"

f) Aufgabe 6: Weisen Sie den Namen einer Person einschließlich einiger Leerzeichen am Anfang und Ende einer Variablen zu. Verwenden Sie dabei sowohl \t als auch \n jeweils mindestens einmal.

g) Aufgabe 7: Weisen Sie Ihre Lieblingszahl einer Variablen zu. Stellen Sie mithilfe dieser Variablen eine Nachricht zusammen, in der diese Lieblingszahl angegeben wird, und geben Sie diese Nachricht aus.

h) Aufgabe 8: Schreiben Sie ein Programm, bei dem der User einen Preis ohne MwSt. eingibt und das Programm den Preis mit 16% Mehrwertsteuer ausgibt.

i) Aufgabe 9: Schreiben Sie ein Programm; dessen Eingabe soll der Normalpreis sein und wieviel Prozent Rabatt es auf den Artikel gibt. Ausgabe soll der Endpreis sein.

j) Aufgabe 10: Schreiben Sie ein Programm, das den User nach seinem Namen fragt und ihn dann mit seinem Namen begrüßt, z.B. "Hallo Pete! What's up?"

k) Aufgabe 11: Schreiben Sie ein Programm, bei dem der User Breite, Länge und Höhe eines Quaders angibt. Das Programm berechnet dann das Volumen, die Oberfläche und die Raumdiagonale.

l) Aufgabe 12: Schreiben Sie ein Programm, dass den Mittelwert von 4 Zahlen, die einzugeben sind, berechnet.

10.3 Mathematische Funktionen

a) Aufgabe 1: Schreiben Sie ein Programm, dass nach einem Eingabewert für Grad abfragt und anschließend diese in Bogenmaß ausgibt. Bitte verwenden Sie keine Module dafür.

b) Aufgabe 2: Schreiben Sie ein Programm, dass nach einem Eingabewert für Bogenmaß abfragt und anschließend diese in Grad ausgibt. Bitte verwenden Sie keine Module dafür.

c) Aufgabe 3: Schreiben Sie ein Programm, dass die Fläche eines Trapez $A = \frac{1}{2}(a + b) \cdot h$ ermittelt und ausgibt. a und b sind die Seitenlängen der Parallelen und h der Abstand zwischen a und b. Bitte verwenden Sie keine Module dafür.

d) Aufgabe 4: Schreiben Sie ein Programm, dass die Oberfläche $A = 4 \cdot \pi \cdot r^2$ und Volumen $V = 4/3 \cdot \pi \cdot r^3$ einer Kugel ermittelt und ausgibt. Bitte verwenden Sie keine Module dafür.

e) Aufgabe 5: Schreiben Sie ein Programm, dass einen komplexen Zahlenausdruck in realen und imaginären Anteilen ausgibt.

f) Aufgabe 6: Schreiben Sie ein Programm, dass das Maximum, das Minimum und die Summe aller Elemente einer Liste aus Zahlen ausgibt.

g) Aufgabe 7: Schreiben Sie ein Programm, dass eine Zufallszahl zwischen 0 und 100 ausgibt.

h) Aufgabe 8: Schreiben Sie ein Programm, dass ein Element aus einem String nach dem Zufallsprinzip ausgibt.

i) Aufgabe 9: Schreiben Sie ein Programm, dass die Elemente einer Liste zufällig sortiert.

j) Aufgabe 10: Schreiben Sie ein Programm, dass ein Element aus einer Liste von *strings* nach dem Zufallsprinzip ausgibt.

10.4 Strukturierte Daten

10.4.1 Listen 1

a) Aufgabe 1: Speichern Sie die Namen einiger Freunde in der Liste *names*. Geben Sie die Namen aller Personen aus, indem Sie nacheinander jedes Element abrufen.

b) Aufgabe 2: Verwenden Sie eine Liste, aber geben Sie nicht einfach die Namen aus, sondern an die einzelnen Personen gerichtete Nachrichten. Alle diese Nachrichten sollen den gleichen Text aufweisen, aber jeweils eine andere Person ansprechen.

c) Aufgabe 3: Erstellen Sie eine Liste mit mehreren Beispielen für Ihr bevorzugtes Verkehrsmittel, z.B. Motorräder oder Autos. Geben Sie dann mehrere Aussagen über die Elemente in dieser Liste aus, z.B. "Ich fahre gerne einen Mercedes."

d) Aufgabe 4: Erstellen Sie eine Liste von mindestens drei Personen (ob lebend oder bereits verstorben), die Sie gern zum Abendessen einladen möchten. Geben Sie dann für jede dieser Personen eine Nachricht mit der Einladung aus.

e) Aufgabe 5: Sie haben gerade erfahren, dass einer der Gäste nicht zum Abendessen kommen kann, weshalb Sie eine weitere Person einladen und einen neuen Satz Einladungen verschicken müssen.

   - Beginnen Sie mit dem Programm Aufgabe 4. Fügen Sie am Ende eine *print*-Anweisung mit dem Namen des Gastes hinzu, der nicht kommen kann.
   - Ersetzen Sie in der Liste den Namen des Gastes, der nicht kommen kann, durch den der neu eingeladenen Person.
   - Geben Sie einen zweiten Satz Einladungen für jede der Personen aus, die noch in der Liste aufgeführt werden.

f) Aufgabe 6: Laden Sie noch drei weitere Gäste zum Abendessen ein.

   - Beginnen Sie mit dem Programm aus Aufgabe 4 oder 5. Fügen Sie am Ende eine *print*-Anweisung hinzu, mit der Sie die Gäste darüber informieren, dass Sie einen größeren Esstisch gefunden haben.
   - Fügen Sie mit *insert*() einen neuen Gast am Anfang der Liste ein.
   - Fügen Sie mit *insert*() einen neuen Gast in der Mitte der Liste ein.
   - Fügen Sie mit *append*() einen Gast am Ende der Liste hinzu.
   - Geben Sie einen neuen Satz Einladungen für jede der Personen auf der Liste aus.

g) Aufgabe 7: Gerade haben Sie erfahren, dass Ihr neuer Esstisch nicht mehr rechtzeitg geliefert werden kann. Sie haben nur Platz für zwei Gäste.

   - Beginnen Sie mit dem Programm aus Aufgabe 6. Fügen Sie am Ende eine *print*-Anweisung hinzu, mit der Sie die Gäste darüber informieren, dass Sie nur noch zwei Personen einladen können.
   - Entfernen Sie mit *pop*() nach und nach Gäste von der Liste, bis nur noch zwei Namen übrig sind. Geben Sie bei jeder Verwendung von *pop*() eine

Nachricht an die betreffende Person aus, um sich dafür zu entschuldigen, dass Sie sich nicht zum Essen einladen können.

- Geben Sie an die beiden verbliebenen Personen auf der Liste jeweils eine Nachricht aus, um ihnen mitzuteilen, dass sie nach wie vor eingeladen sind.
- Löschen Sie mit *del* die beiden Namen von der Liste, sodass diese jetzt leer ist. Geben Sie die Liste aus, um sich zu vergewissern, dass Sie am Ende des Programms tasächlich leer ist.

h) Aufgabe 8: Stellen Sie sich fünf Orte vor, die Sie gern besuchen möchten.

- Speichern Sie die Orte in einer Liste, und zwar absichtlich nicht in alphabetischer Reihenfolge.
- Geben Sie die Liste in der ursprünglichen Reihenfolge aus.
- Geben Sie die Liste mithilfe von *sorted*() in alphabetischer Reihenfolge aus, ohne die eigentliche Liste zu verändern.
- Beweisen Sie, dass die Liste immer noch in ihrer ursprünglichen Reihenfolge vorliegt, indem Sie sie ausgeben
- Geben Sie die Liste mithilfe von *sorted*() in umgekehrter alphabetischer Reihenfolge aus, ohne die eigentliche Liste zu verändern.
- Beweisen Sie, dass die Liste immer noch in ihrer ursprünglichen Reihenfolge vorliegt, indem Sie sie erneut ausgeben.
- Kehren Sie die Reihenfolge der Liste mit *reserve*() um. Geben Sie die Liste aus, um zu beweisen, dass sich die Sortierung geändert hat.
- Kehren Sie die Reihenfolge der Liste erneut mit *reserve*() um. Geben Sie die Liste aus, um zu beweisen, dass sie wieder die ursprüngliche Sortierung hat.
- Sortieren Sie die Liste mit *sort*() alphabetisch. Geben Sie die Liste aus, um zu beweisen, dass sich die Reihenfolge geändert hat.
- Sortieren Sie die Liste mit *sort*() umgekehrt alphabetisch. Geben Sie die Liste aus, um zu beweisen, dass sich die Reihenfolge geändert hat.

10.4.2 Listen 2

a) Aufgabe 1: Erstellen Sie eine Liste mit mindestens drei Pizzasorten und geben Sie die Namen in einer for-Schleife aus.

b) Aufgabe 2: Geben Sie mithilfe einer for-Schliefe die Zahlen von 1 bis einschließlich 20 aus.

c) Aufgabe 3: Erstellen Sie eine Liste der Zahlen von 1 bis eine Million. Vergewissern Sie sich mithilfe von $min()$ und $max()$ Funktionen, dass die Liste tatsächlich bei 1 beginnt und bei 1.000.000 endet. Wenden Sie außerdem die Funktion $sum()$ an, um die Summe der Zahlen zu ermitteln.

d) Aufgabe 4: Nutzen Sie das dritte Argument der Funktion $range()$, um eine Liste der ungeraden Zahlen von 1 bis 20 aufzustellen. Geben Sie die einzelnen Zahlen mithilfe einer for-Schleife aus.

e) Aufgabe 5: Erstellen Sie eine Liste der Vielfachen von 3 bis 30. Geben Sie die einzelnen Zahlen mithilfe einer for-Schleife aus.

f) Aufgabe 6: Erstellen Sie eine Liste der ersten zehn Kubikzahlen (also 1^3 bis 10^3) und geben die einzelnen Werte mithilfe einer for-Schleife aus.

g) Aufgabe 7: Lösen Sie die Aufgabenstellung von Aufgabe 6 mithilfe der Listennotation.

h) Aufgabe 8: Nehmen Sie das Programm aus Aufgabe 1 als Ausgangspunkt. Kopieren Sie die Liste der Pizzen und nennen Sie die Kopie $friend\_pizzas$. Führen Sie dann folgende Aufgaben aus:

- Fügen Sie der ursprünglichen Liste eine Pizza hinzu
- Fügen Sie der Liste $friend\_pizzas$ eine weitere Pizza hinzu
- Zeigen Sie, dass es sich um zwei verschiedene Listen handelt. Geben Sie zunächst die Nachricht "Meine Lieblingspizzen sind:" und mithilfe einer for-Schleife die erste Liste aus und wiederholen Sie den Vorgang dann für die zweite Liste mit der Nachricht "Lieblingspizzen meines Kumpels sind:". Überprüfen Sie, dass die neuen Pizzen jeweils in der richtigen Liste gespeichert sind.

i) Aufgabe 9: Denken Sie sich fünf einfache Gerichte aus und speichern Sie diese in einem Tupel.

- Geben Sie alle Gerichte mithilfe einer for-Schleife aus.
- Die Speisekarte ändert sich und ersetzt zwei der Gerichte durch andere Speisen. Fügen Sie einen Codeblock hinzu, der das Tupel überschreibt, und geben Sie die einzelnen Elemente der neuen Karte mithilfe einer for-Schleife aus.

10.4.3 Dictionary

a) Aufgabe 1: Was ergeben folgende Anweisungen?

```
1 d = {'cat':'Katze', 'dog':'Hund', 'fish':'Fisch'}
2 print(d['fish'])
```

b) Aufgabe 2: Was ergeben folgende Anweisungen?

```
1 d = {'cat':'Katze', 'dog':'Hund', 'fish':'Fisch'}
2 print('Hund' in d)
```

c) Aufgabe 3: Was ergeben folgende Anweisungen?

```
1 d = {'cat':'Katze', 'dog':'Hund', 'fish':'Fisch'}
2 print(list(d.keys()))
```

d) Aufgabe 4: Was ergeben folgende Anweisungen?

```
1 d = {'cat':'Katze', 'dog':'Hund', 'fish':'Fisch'}
2 print(d.get('Katze', 'unknown'))
```

e) Aufgabe 5: Was ergeben folgende Anweisungen?

```
1 d = {'cat':'Katze', 'dog':'Hund', 'fish':'Fisch'}
2 d.setdefault('cat', 'Stubentiger')
3 print(d['cat'])
```

f) Aufgabe 6: Im folgenden Programm kann man von Stadt zu Stadt reisen. Leider
    enthält es drei Fehler. Finden und repariere Sie es.

```
 1 staedte = {
 2     "New York": ["Tokyo", "Paris", "London"],
 3     "Poznan": ["London", "Berlin"],
 4     "London": ["New York", "Poznan"]
 5     "Berlin": ["Tokyo", "Poznan"],
 6     "Tokyo": ["New York", "Berlin"],
 7     "Paris": ["Katmandu"]
 8     }
 9 standort = "Paris"
10
11 print "\nDeine Aufgabe: fliege nach Katmandu\n"
12
13 while standort not in staedte or standort == 'Katmandu':
14     print(f"Du bist in {standort}")
15
16 print("Es gibt Fluege nach ", staedte[standort])
17 standort = input("Wohin moechtest du fliegen?")
18 print("Du hast dein Ziel erreicht")
```

g) Aufgabe 7: Speichern Sie in einem Dictionary Informationen über eine Person, die
    Sie kennen, also z.B. Vorname, Nachname, Alter und Wohnort unter Schlüsseln

wie *vorname, nachname, alter* und *stadt*. Geben Sie alle in dem Dictionary gespeicherten Informationen aus.

h) Aufgabe 8: Speichern Sie die Liebslingszahlen mehrerer Personen in einem Dictionary. Verwenden Sie dabei die Namen von fünf Personen als Schlüssel und die Zahlen als Werte. Geben Sie die einzelnen Namen jeweils mit den zugehörigen Lieblingszahlen aus. Sie können sich die Werte einfach ausdenken, aber es macht mehr Spass, ihre Freunde zu befragen, um reale Daten für das Programm zu bekommen.

i) Aufgabe 9: Mit einem Dictionary können Sie auch ein reales Wörterbuch oder Glosar nachbauen:

- Nehmen Sie in das Dictionary fünf Begriffe Ihrer Wahl auf und speichern Sie deren Bedeutungen als die zugehörigen Werte.
- Geben Sie jedes einzelne Wort und die zugehörige Definition in einer übersicht-lichen Formatierung aus. Beispielsweise können Sie den Begriff und die Definition durch einen Doppelpunkt trennen oder den Begriff auf einer Zeile ausgeben und die Definition in der nächsten. Fügen Sie mithilfe des Zeilenumbruchzeichens (\n) jeweils eine Leerzeile zwischen die einzelnen Begriff-Definition-Paare der Ausgabe ein.

j) Aufgabe 10: Ändern Sie den Code von Aufgabe 3, indem Sie die Folge der *print*()-Aufrufe durch eine Schleife ersetzen, welche die Schlüssel und Werte abarbeitet. Fügen Sie ihrem Glossar fünf weitere Begriffe hinzu. Führen Sie das Programm aus. Die neuen Wörter und ihre Bedeutungen sollten jetzt automatisch in die Ausgabe aufgenommen werden.

k) Aufgabe 11:Erstellen Sie ein Dictionary, das drei große Flüsse und die Länder enthält, durch die sie fließen. Ein Schüssel-Wert-Paar in diesem Dictionary kann also beispielsweise *'nil' :' egypt'* lauten.

- Geben Sie mithilfe einer Schleife einen Satz über jeden Fluss aus, z.B. "Der Nil verläuft durch Ägypten"
- Geben Sie mithilfe einer Schleife die Namen aller in dem Dictionary enthaltenen Flüsse aus.
- Geben Sie mithilfe einer Schleife die Namen aller in dem Dictionary enthaltenen Länder aus.

l) Aufgabe 12: Verwenden Sie das Programm aus Aufgabe 1 als Ausgangspunkt. Erstellen Sie zwei neue Dictionaries für weitere Personen und speichern Sie alle drei in der Liste *people*. Durchlaufen Sie die Liste und geben Sie dabei jeweils alles aus, was Sie über die einzelnen Personen wissen.

m) Aufgabe 13: Erstellen Sie mehrere Dictionaries, die jeweils den Namen eines Haustiers tragen. Halten Sie in jedem dieser Dictionaries die Tierart und den Namen des Besitzers fest und bringen Sie die Dictionaries in der Liste *pets* unter. Durchlaufen Sie die Liste und geben Sie dabei jeweils alles aus, was Sie über die einzelnen Tiere wissen.

n) Aufgabe 14: Erstellen Sie das Dictionary *favorite_places*. Verwenden Sie die Namen von drei Personen als Schlüssel und speichern Sie als Werte jeweils ein bis drei Lieblingsplätze pro Person. Um die Übung etwas interessanter zu gestalten, können Sie ihre Freunde nach ihren tatsächlichen Lieblingsplätzen fragen. Durchlaufen Sie das Dictionary und geben Sie die Namen der einzelnen Personen und deren Lieblingsplätze aus.

o) Aufgabe 15: Ändern Sie das Programm aus Aufgabe 2 so ab, dass jede Person mehr als eine Lieblingszahl angeben kann. Geben Sie dann die Namen aller Personen jeweils mit ihren Lieblingszahlen aus.

p) Aufgabe 16: Erstellen Sie das Dictionary *cities* und verwenden Sie darin die Namen dreier Städte als Schlüssel. Legen Sie dann für jede dieser Städte wiederum ein Dictionary mit Angaben wie dem Land, der Bevölkerungszahl und einer weiteren Aussage an. Verwenden Sie dafür Schlüssel wie *country*, *population* und *fact*. Geben Sie die Namen der einzelnen Städte und die jeweils dafür gespeicherten Informationen aus.

10.5 Verzweigungen und Schleifen

10.5.1 *if*-Verzweigung

a) Aufgabe 1: Mit der *if*-Anweisung können Sie im Programm Entscheidungen treffen. Testen Sie das folgende Programm mit unterschiedlichen Eingaben:

```python
spieler = input("[S]chere, S[T]ein oder [P]apier: ")
computer = "P"

if spieler == computer:
    print("unentschieden")
```

b) Aufgabe 2: Setzen Sie die Kommandos *elif*, *else* und *if* in das folgende Programm ein, sodass es läuft:

```python
import random

spieler = input("[S]chere, S[T]ein oder [P]apier: ")
computer = random.choice("STP")

___ spieler == "S" and computer == "P":
    print("Computer gewinnt")

___ spieler == "S"  and computer == "T":
    print("Spieler gewinnt")
___:
    print("unentschieden")
```

c) Aufgabe 3: Korrigieren Sie die Fehler in folgendem Programm:

```python
elif spieler.upper() not in 'STP':
    print('Ungueltige Eingabe. Bitte waehle S,T oder P.')

elif spieler == computer
    print('Du hast das gleiche wie ich gewaehlt')

if spieler = 'S':
    print('Du hast "Schere" gewaehlt')

else:
print('Du hast etwas anderes als "Schere" gewaehlt')
```

d) Aufgabe 4: Welche Vergleichsausdrücke in diesen *if*-Anweisungen ergeben wahr:

```python
a, b, c = 3, 4, 7

if a + b < c:
    print("wahr1")

if a + b == 5 + 2:
    print("wahr2")

if a * b == 12 and b * c == 28:
    print("wahr3")

if a + b * c >= 28:
    print("wahr4")

if a + b == "?":
    print("wahr5")
```

e) Aufgabe 5: Das folgende Programm speichert einen Vergleichsausdruck in einer
    Variablen vom Typ bool. Vervollständige den Code:

```python
spieler_gewinnt = (spieler == "S" and computer == "P") \
                or (spieler == "P" and ...) \
                or (...)

if spieler_gewinnt:
    print('Du hast gewonnen')
```

f) Aufgabe 6: Ergänzen Sie das folgende Programm, sodass es alle Fälle abdeckt:

```python
gewinnt = 'unentschieden'

if spieler == "S":
    if computer == "P":
        gewinnt = "Spieler"
    elif computer == "T":
        gewinnt = "Computer"

elif spieler == "P":
    ...

print("Der Gewinner ist:", gewinnt)
```

10.5.2 *while*-Schleifen

a) Aufgabe 1: Ordnen Sie die Ausdrücke so zu, dass die gezeigten while-Schleifen die angegebene Anzahl von Durchläufen vollführen.

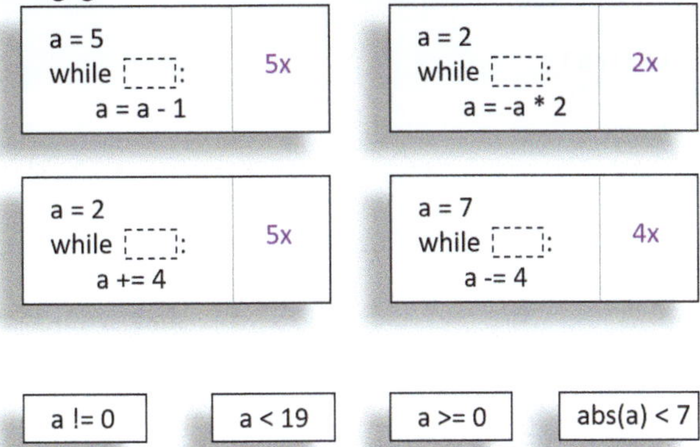

b) Aufgabe 2: Welche der folgenden while-Schleifen enden von alleine?

```
1  zaehler = 0
2  while zaehler > 0:
3      print(zaehler)
4      zaehler += 1
```

```
1  text = "b"
2  while "c" not in text:
3      text += "b"
```

```
1  a = 3
2  b = 16
3  while a != b:
4      a += (a-b)/10.0
5      b -= (a-b)/10.0
```

```
1  a = 0
2  while a * 5 != a ** 2:
3      a += 2
```

```
1  daten = [1, 2, 7, 8]
2  while daten[-1] > 2:
3      daten.pop()
```

```
1  daten = [2, 3, 15]
2  while daten[0] < 10:
3      daten = daten[1:]
```

c) Aufgabe 3: Die folgende *for*-Schleife sucht in den Daten nach dem Wert 33. Ersetze diese durch eine *while*-Schleife.

```
1  daten = [5, 7, 33, 12, 4, 3, 18]
2
3  gefunden = False
4  for n in daten:
5      if n == 33:
6          gefunden = True
7
8  print("Der Wert 33 wurde gefunden: {}".format(gefunden))
```

d) Aufgabe 4: Die folgende *while*-Schleife zählt Werte größer 10. Ersetze diese
    durch eine *for*-Schleife.

```python
daten = [4, 7, 11, 1, 3,   15]

i, j = 0,0
while i < len(daten):
    if daten[i] > 10:
        j += 1
    i += 1

print("Anzahl groesser 10: ",j)
```

10.5.3 *for*-Schleifen

a) Aufgabe 1: Führen Sie das folgende Programm aus. Was passiert?

```
1  import time
2
3  for i in range(5):
4      print("Du kannst schon super programmieren!")
5      time.sleep(5)
```

b) Aufgabe 2: Was tut das folgende Programm?

```
1  for zahl in range(1, 15, 2):
2      print(zahl)
```

c) Aufgabe 3: Erklären Sie, warum die *for*-Anweisung besser als der folgende Ansatz ist. Implementieren Sie die entsprechende *for*-Anweisung.

```
1  print(1)
2  print(2)
3  print(3)
4  print(4)
5  print(5)
6  print(6)
```

```
1  for i in range(1,7):
2      print(i)
```

d) Aufgabe 4: Erklären Sie den Unterschied zwischen folgenden zwei Programmen:

```
1  x = 1
2  for i in range(10):
3      x = x * 2
4      print(x)
```

```
1  x = 1
2  for i in range(10):
3      x = x * 2
4  print(x)
```

e) Aufgabe 5: Schreiben Sie eine Schleife mit *for*, welche folgende Ausgabe produziert: 1, 4, 9, 16, 25, 36, 49

f) Aufgabe 6: Probieren Sie folgende Schleifen aus. Erklären Sie was passiert.

```python
for buchstabe in "ABCD":
    print(buchstabe)

for i in range(10):
    print(i)

for k in 123:
    print(k)

for zahl in [4, 9, 16, 25]:
    print(zahl)

for x, y in [(1,2), (3,4), (5,6)]:
    print(x, y)
```

g) Aufgabe 7: Die folgende *for*-Schleife sucht in den Daten nach dem Wert 33. Ersetze diese durch eine *while*-Schleife.

```python
daten = [5, 7, 33, 12, 4, 3, 18]

gefunden = False
for n in daten:
    if n == 33:
        gefunden = True

print("Der Wert 33 wurde gefunden: {}".format(gefunden))
```

h) Aufgabe 8: Die folgende *while*-Schleife zählt Werte größer 10. Ersetze diese durch eine *for*-Schleife.

```python
daten = [4, 7, 11, 1, 3, 15]

i, j = 0,0
while i < len(daten):
    if daten[i] > 10:
        j += 1
    i += 1

print("Anzahl groesser 10: ",j)
```

10.5.4 Mischaufgaben

a) Aufgabe 1: Erstellen Sie ein Programm, dass per Eingabe Ihr Geschlecht mit m für männlich und w für weiblich aufnimmt. In Abhängigkeit der Eingabe soll entweder "Guten Tag, Herr xx" bei m, "Guten Tag, Frau xx" bei w oder einfach "Guten Tag" bei allen anderen Angaben gemacht werden.

b) Aufgabe 2: Erstellen Sie ein Programm, dass per Eingabe Ihr Geschlecht mit m für männlich und w für weiblich und zusätzlich die Uhrzeit als volle Stunde aufnimmt (z.B. 14 Uhr) aufnimmt. In Abhängigkeit des Geschlechts und der Uhrzeit soll entweder "Guten Morgen, Herr xx" / "Guten Tag, Herr xx" bei m, "Guten Morgen, Frau xx" / "Guten Tag, Frau xx" bei w ausgegeben werden.

c) Aufgabe 3: Erstellen Sie ein Programm, dass per Eingabe zwei Zahlen aufnimmt und diese auf Gleichheit vergleicht und eine entsprechende Ausgabe macht.

d) Aufgabe 4: Erstellen Sie ein Programm, dass per Eingabe zwei Zahlen aufnimmt und diese vergleicht und eine entsprechende Ausgabe macht.

e) Aufgabe 5: Erstellen Sie ein Programm, dass per Eingabe Ihre Getränkeauswahl (Milch, A-Saft, O-Saft, Limo) aufnimmt und anschließend den entsprechenden Preis ausgibt.

f) Aufgabe 6: Erstellen Sie ein Programm, dass per Eingabe alle Buchstaben annimmt. Solange nicht x eingegeben wird, befindet sich der Ablauf in einer Schleife. In der Schleife wird nach bestimmter Eingabe abgefragt: e für Ende, w für weiter und m für mehr. Bei e wird die Schleife beendet. Bei w und m wird ein *print*-Befehl ausgeführt.

g) Aufgabe 7: Erstellen Sie ein Programm, dass per Zahleneingabe die Zahlen summiert. Bei einer Summe größer 21 soll das Summieren beendet werden und das Ergebnis soll ausgegeben werden.

h) Aufgabe 8: Erstellen Sie ein Programm, dass immer wieder per Eingabe zwei Zahlen aufnimmt und diese je nach Auswahl (+,-,*,/) arithmetisch berechnet. Das Beenden der Schleife soll über eine bestimmte Taste/Buchstabe/Zahl ausgeführt werden.

i) Aufgabe 9: Schreiben Sie ein Programm, dass die Wochentage untereinander ausgibt.

j) Aufgabe 10: Schreiben Sie ein Programm, das die Temperaturen von fünf Tagen einliest und den Durchschnitt berechnet.

k) Aufgabe 11: Schreiben Sie ein Programm, bei dem der User fünf Temperaturwerte eingibt und das Programm den Mittelwert ermittelt und anschließend ausgibt, ob die einzelnen eingegebenen Temperaturen unter, über oder gleich dem Mittelwert sind.

l) Aufgabe 12: Schreiben Sie ein Programm, bei dem man für drei Kandidaten Namen eingeben kann und die Anzahl der erhaltenen Stimmen. Das Programm gibt die prozentualen Anteile der Stimmen aus.

m) Aufgabe 13: Schreiben Sie ein Programm, bei dem man eine Zahl n eingibt und die Fakultät dieser Zahl ($n!$) ausgegeben wird.

n) Aufgabe 14: Schreiben Sie ein Programm, bei dem der User zwei Zahlen a und b eingibt, b ganzzahlig. Das Programm berechnet die Potenz a^b.

o) Aufgabe 15: Schreiben Sie ein Programm, das n-Zeilen mit m-Sternen befüllt.

p) Aufgabe 16:
Eingabe: Körpergröße, Körpergewicht und Geschlecht.
Ausgabe: BMI und Hinweis, ob Unter-, Normal- oder Übergewicht. (Bei Frauen ist ein BMI von 19 bis 24 normal, bei Männern 20 bis 25)

q) Aufgabe 17: Schreiben Sie ein Programm, das zwei Zufallszahlen erzeugt und den User auffordert, diese zu addieren. Falls der Nutzer richtig gerechnet hat, soll dieser gelobt werden.

r) Aufgabe 18: Schreiben Sie ein Programm, bei dem man eingibt, wieviel jemand zahlen muss und wieviel die Person in Bar bereits gezahlt hat. Es soll ausgegeben werden, wieviel Rückgeld der Kunde bekommt. Falls die Person zu wenig bezahlt hat, soll das Programm darauf hinweisen.

10.6 Funktionen

a) Aufgabe 1: Schreiben Sie eine Funktion, um die Summe aller Zahlen einer Liste oder eines Tupels zu berechnen.

b) Aufgabe 2: Schreiben Sie eine Funktion, um das Produkt aller Zahlen einer Liste oder eines Tupels zu berechnen.

c) Aufgabe 3: Schreiben Sie eine Funktion, die eine Zeichenkette umgekehrt ausgibt.

d) Aufgabe 4: Erstellen Sie eine Funktion, um zu überprüfen, ob eine Zahl in einem bestimmten Bereich, z.B. zwischen 1 und 20, liegt.

e) Aufgabe 5: Schreiben Sie eine Funktion, die aus einer Liste mehrfach vorhandener Zahlen eine neue Liste erstellt, in welcher die Zahlen nur noch einfach auftreten.

f) Aufgabe 6: Erstellen Sie eine bzw. mehrere Funktion, um das Maxima dreier Variablen festzustellen.

g) Aufgabe 7: Erstellen Sie eine Funktion, die zwei Argumente, *Name* und *Alter*, annimmt und den Eintrag ausgibt.

h) Aufgabe 8: Schreiben Sie eine Funktion, die zwei Variablen annimmt und deren Addition und Subtraktion berechnet. Außerdem muss es in einem einzigen Rückruf sowohl Addition als auch Subtraktion zurückgeben

i) Aufgabe 9: Schreiben Sie eine Funktion, die den Namen des Mitarbeiters sowie dessen Gehalt als Argumente annimmt und beides anzeigt. Wenn der Gehaltswert im Funktionsaufruf fehlt, sollte standardmäßig 9000 angezeigt werden.

j) Aufgabe 10: Erstellen Sie eine Funktion, die zwei Parameter *a* und *b* akzeptiert und ihrer Addition die Zahl 5 dazunimmt und das Ergebnis zurückgibt. Eine weitere verschachtelte innere Funktion führt die Addition aus und gibt das Resultat zurück.

k) Aufgabe 11: Schreiben Sie eine Funktion, die ein Argument besitzt, aber den Wert aller Argumente ausgibt.

l) Aufgabe 12: Gegeben ist eine Funktion, die eine Summe von Zahlen berechnet. Vervollständigen Sie das Programm, indem Sie in die Lücken folgende Kommandos richtig einsetzen: + =, *anzahlen*, *return*, *daten*, *def*, *summe_berechnen*

```
1  ____ summe_berechnen(daten):
2      gesamt = 0
3      for anzahl in ____:
4          gesamt ____ anzahl
5      ____ gesamt
6
7  anzahlen = [12562, 2178, 342, 129, 384, 208, 164, 82, 41]
8  summe = ____(____)
9  print(summe)
```

m) Aufgabe 13: Schreiben Sie eine Funktion, die aus einer Liste von Zahlen den
    Mittelwert ermittelt.

```python
anzahlen = [12562, 2178, 342, 129, 384, 208, 164, 82, 41]
```

n) Aufgabe 14: Folgendes Programm berechnet die Standardabweichung aus der vor-
    herigen Liste an Zahlen. Die Berechnung soll verallgemeinert werden. Fassen Sie
    den Code zur Berechnung der Standardabweichung in eine Funktion zusammen.

```python
import math

daten = []
avg = durchschnitt(daten)

stdsum = 0.0
for zahl in daten:
    stdsum += (zahl - avg) ** 2
varianz = stdsum / len(daten)
stabw = math.sqrt(varianz)

print("Standardabweichung: {:8.2f}".format(stabw))
```

o) Aufgabe 15: Erklären Sie, was bei den einzelnen Ausgabebefehlen passiert:

```python
def addition(a=2, b=2, c=2):
    return a + b + c

print(addition(3, 3, 3))
print(addition(3, 3))
print(addition(3))
print(addition())
print(addition(b=4))
print(addition(b=4, c=5))
```

p) Aufgabe 16: Schreiben Sie eine Funktion, die eine eingegebene Zahl auf die
    Eigenschaft "Primzahl" überprüft. Eine Primzahl ist eine natürliche Zahl größer
    als 1 und hat keine anderen positiven Teiler als 1 und sich selbst.

q) Aufgabe 17: Schreiben Sie eine Funktion, um die geraden Zahlen aus einer
    bestimmten Liste auszugeben.

r) Aufgabe 18: Schreiben Sie eine Funktion, um eine Liste auszugeben, in der die
    Quadratwerte der Zahlen 1 bis 30 beinhaltet sind.

s) Aufgabe 19: Welche der folgenden Definitionen sind zulässig? Welche nicht und wieso? Überlegen Sie zuerst und tippen es danach zur Kontrolle ein.

```python
def print():
    print("Hallo Welt")

def print1()
    print("Hallo Welt")

def print1():
    print("Hallo Welt")

def print1():
print("Hallo Welt")
```

t) Aufgabe 20: Schaue Sie sich die folgende Funktion an und überlegen Sie, was das Ergebnis sein könnte. Testen Sie an einigen Beispielen:

- *meine_funktion*(12, 16)
- *meine_funktion*(1, 16)
- *meine_funktion*(8, 16)
- *meine_funktion*(27, 36)

```python
def meine_funktion(a,b):
    while b != 0:
        t = a%b
        a = b
        b = t
    return a
```

10.7 Funktionen 2

a) Aufgabe 21: Schreiben Sie eine Funktion, die sowohl zwei Zahlen addiert als auch multipliziert.

b) Aufgabe 22: Schreiben Sie eine Funktion, die drei Zahlen annimmt. Zwei davon werden durch eine "Innen"-Funktion addiert und mit der dritten Zahl die Potenz gebildet.

c) Aufgabe 23: Schreiben Sie eine Funktion, die eine Zahl als Exponent annimmt und diese in einer verschachtelten Funktion benutzt, um die Potenz einer weiteren Zahl als Basis auszurechnen.

d) Aufgabe 24: Schreiben Sie zwei Funktionen, die per Übergabe einen String *Hallo Du* ausgibt.

e) Aufgabe 25: Schreiben Sie zwei verschachtelte Funktionen, die per Übergabe einen String *Hallo Du* ausgibt.

f)   Aufgabe 26: Schreiben Sie eine Funktion, die eine beliebige Anzahl an Werten ausgibt.

g)   Aufgabe 27: Schreiben Sie eine Funktion, die eine beliebige Anzahl an Werten mit Variablennamen ausgibt.

h)   Aufgabe 28: Welche der folgenden Eingaben sind zulässig? Welche nicht und wieso? Wie müsste es richtig sein? Überlegen Sie zuerst und tippen es danach zur Kontrolle ein.

```
 1  a = lambda arg1, arg2: arg1 + arg2
 2  print(a(0,2))
 3
 4  a = (lambda arg1, arg2: arg1 + arg2)(0,2)
 5  print(a(0,2))
 6
 7  a = lambda arg1, arg2: arg1 + arg2
 8  print(a(2+2))
 9
10  a = lambda arg1, arg2: arg1 + arg2
11  b = lambda x: a(2, x)
12  print(b(3,4))
```

i)   Aufgabe 29: Gegeben ist folgendes Programm. Schreiben sie das Programm mit dem lambda-Operator so um, dass die Zeilen 1-8 weggelassen werden können, jedoch der gleiche Output produziert wird.

```
 1  def f2(d):
 2      return 2**d
 3  def f3(d):
 4      return 3**d
 5  def f5(d):
 6      return 5**d
 7  def f7(d):
 8      return 7**d
 9  def add_function(f,g):
10      return f(2) + g(2)
11  print(add_function(f2, f3))
12  print(add_function(f5, f7))
```

10.8 Fehlerbehebung

a) Aufgabe 1: Schreiben Sie eine Funktion easydict, die beliebig viele Argumente aus 2-elementigen Tupeln und beliebig viele Keyword-Argumente akzeptiert und alle übergebenen Parameter zu einem Dictionary zusammenfasst. Also z.B. easydict(("a", 2), ((1,2), "spam"), red=[255, 0, 0], blue=[0, 0, 255])) sollte folgendes Dictionary erzeugen: {'a': 2, (1, 2): 'spam', 'red': [255, 0, 0], blue: [0, 0, 255]}. Fangen Sie dabei mögliche Ausnahmen ab und geben Sie eine spezifische Fehlermeldung aus.

b) Aufgabe 2: Schreiben Sie ein Programm, das um die Eingabe zweier Zahlen bittet. Addieren Sie diese und geben Sie das Ergebnis aus. Fangen Sie die Ausnahme *ValueError* ab, die auftritt, wenn mindestens eine der Eingaben keine Zahl ist, und geben Sie eine aussagekräftige Fehlermeldung aus. Testen Sie das Programm, indem Sie einmal zwei Zahlen eingeben und einmal Text anstelle einer der Zahlen.

c) Aufgabe 3: Schließen Sie den Code aus Aufgabe 2 in eine *while*-Schleife ein, sodass der User weitere Zahlen eingeben kann, auch nachdem dieser versehentlich Text anstelle einer Zahl angegeben hat.

d) Aufgabe 4: Erstellen Sie die Dateien *bote.txt* und *schiffe.txt* und speichern Sie darin jeweils mindestens drei Katzen- bzw. Hundenamen. Schreiben Sie ein Programm, das diese Dateien liest und ihren Inhalt auf dem Bildschirm ausgibt. Schließen Sie den Code in einen try-except-Block ein, um die Ausnahme *FileNotFound* abzufangen, und geben Sie eine aussagekräftige Meldung aus, wenn eine Datei fehlt. Verschieben Sie eine der Datein an einen Speicherort auf ihrem System und vergewissern Sie sich, das der except-Block korrekt ausgeführt wird.

e) Aufgabe 5: Ändern Sie den except-Block in Aufgabe4, sodass ein Fehler aufgrund einer fehlenden Datei stillschweigend übergangen wird.

10.9 Klassen

a) Aufgabe 1: Schreiben Sie eine Klasse, die aus einem Radius und zwei Methoden besteht, welche die Fläche und den Umfang eines Kreises berechnen.

b) Aufgabe 2: Schreiben Sie eine Klasse mit zwei Methoden: *get_String* und *print_String*. *get_String* akzeptiert eine Eingabe von Strings und *print_String* gibt die Zeichenfolge in Großbuchstaben aus.

c) Aufgabe 3: Schreiben Sie eine Klasse, die aus einer Länge und Breite sowie einer Methode besteht, welche die Fläche eines Rechtecks berechnet.

d) Aufgabe 4: Schreiben Sie ein Programm, um eine Ganzzahl (Integer) in eine römische Zahl umzuwandeln.

e) Aufgabe 5: Schreiben Sie ein Programm, um eine römische Zahl in ein Integer umzuwandeln.

f) Aufgabe 6: Schreiben Sie ein Programm, um alle möglichen eindeutigen Teilmengen aus einer Reihe unterschiedlicher Ganzzahlen abzurufen.

g) Aufgabe 7: Schreiben Sie ein Programm, dass pow(x,n) berechnet.

10.10 Datei Lesen und Schreiben

a) Aufgabe 1: Schreiben Sie ein Programm, um eine gesamte Textdatei *text.txt* auszulesen.

b) Aufgabe 2: Schreiben Sie ein Programm, um die ersten n-Zeilen einer Datei zu lesen.

c) Aufgabe 3: Schreiben Sie ein Programm, um eine zufällige Zeile aus einer Datei zu lesen.

d) Aufgabe 4: Schreiben Sie ein Programm, um festzustellen, ob eine Datei geschlossen ist oder nicht.

e) Aufgabe 5: Schreiben Sie ein Programm, mit dem Sie eine Datei mit dem Namen *meineDatei.txt* erstellen und den Inhalt mit Text Ihrer Wahl beschreiben.

f) Aufgabe 6: Schreiben Sie ein Programm, dass die Datei mit dem Namen *meineDatei.txt* umbenennt.

g) Aufgabe 7: Schreiben Sie ein Programm, mit dem Sie ein Verzeichnis mit dem Namen *meinOrdner* erstellen können

h) Aufgabe 8: Schreiben Sie ein Programm, das die folgenden drei Zeilen in eine Datei *myfile.txt* schreibt:

  - Wort
  - Buchstabe
  - Satz

i) Aufgabe 9: Schreiben Sie ein Programm, das die zweite Zeile aus *myfile.txt* durch die Zeile "Inhalt hat sich geändert!" ersetzt.

j) Aufgabe 10: Generieren Sie eine .txt-Datei mit folgendem Inhalt:

  - Zeile1
  - Zeile2
  - Zeile3

Schreiben Sie ein Programm, das den Inhalt in Folgendes umwandelt:

  - Zeile3
  - die Zeilen haben sich geändert
  - Zeile2
  - Zeile1

k) Aufgabe 11: Schreiben Sie ein Programm, das den User auffordert, seinen Namen, Alter und E-Mail-Adresse einzugeben, um diese Eingaben in eine Datei *personal.txt* abzuspeichern.

Kapitel 11
Lösungen: Learning by Doing

Dieses Kapitel bietet die vollständigen Lösungen zu allen Übungsaufgaben aus Kapitel 10, geordnet nach denselben thematischen Abschnitten. Es dient als wertvolles Kontroll- und Lerninstrument, um den eigenen Lösungsweg zu überprüfen, alternative Herangehensweisen kennenzulernen und das Verständnis für die Programmierung mit Python zu vertiefen. Die klare Struktur ermöglicht ein gezieltes Nachschlagen und Vergleichen und unterstützt so den Lernprozess.

11.1 Erste Schritte

a) Lösung zur Aufgabe 7:

```
 1  a = 2**100
 2  print(a)
 3
 4  b = a % 10
 5  print(b)
 6
 7  c1 = (a // 10)
 8  c2 = c1 % 10
 9  print(c2)
10
11  d1 = a // 100
12  d2 = d1 % 10
13  print(d2)
14
15  erg = b + c2 + d2
16  print(erg)
```

b) Lösung zur Aufgabe 8:

```
1  print(2 / 0)
2  print(2 % 0)
3  print(3.14159 ** 1000)
```

© Der/die Autor(en), exklusiv lizenziert an
Springer Fachmedien Wiesbaden GmbH, ein Teil von Springer Nature 2026
Y. Can, *Grundlagen der Python-Programmierung*,
https://doi.org/10.1007/978-3-658-51437-2_11

c) Lösung zur Aufgabe 9:

```python
name = "Ada Lovelace"
geboren = 1815
alter = "37"

text = name + " kam im Jahr " + str(geboren) + " zur Welt"
jahr = str(geboren) + " geboren"
print(text)
print(jahr)
```

d) Lösung zur Aufgabe 10:

```python
print(9+9)
print(str(9) + '9')
print(int('9') + int('9'))
print(9*int('9'))
```

e) Lösung zur Aufgabe 11:

```python
print("9" + "9")
print("neun") #no
print(str(9) + "neun")
print(9 + 9)
print(9 + int("9"))
print("neun") #no
print(float("9") + int(9.0))
```

f) Lösung zur Aufgabe 12:

```python
pi = 3.14159
radius = float(input("Gib den Radius ein: "))
umfang = 2 * pi * radius

print("Der Umfang des Kreises ist ", umfang)
```

g) Lösung zur Aufgabe 13:

```python
print("Hallo, wie ....")
```

h) Lösung zur Aufgabe 14:

```python
print(9+9)
print(str(9) + '9')
print(int('9') + int('9'))
print(9*int('9'))
```

i) Lösung zur Aufgabe 15:

```python
print("9" + "9")
print("neun") #no
print(str(9) + "neun")
print(9 + 9)
print(9 + int("9"))
print("neun") #no
print(float("9") + int(9.0))
```

j) Lösung zur Aufgabe 16:

```python
pi = 3.14159
radius = float(input("Gib den Radius ein: "))
umfang = 2 * pi * radius

print("Der Umfang des Kreises ist ", umfang)
```

k) Lösung zur Aufgabe 17:

```python
print("Gib die Masse des Quaders an!")
laenge = float(input ("Laenge: "))
breite = float(input ("Breite: "))
hoehe = float(input ("Hoehe: "))

volumen = laenge * breite * hoehe
oberflaeche = 2*laenge*breite + 2*laenge*hoehe + 2*breite*hoehe
diagonale = (laenge*laenge + breite*breite + hoehe*hoehe)**(0.5)

print("Volumen: "+ str(volumen))
print("Oberflaeche: " + str(oberflaeche))
print("Raumdiagonale: " + str(diagonale))
```

l) Lösung zur Aufgabe 18:

```python
x1 = float(input("Erste Zahl: "))
x2 = float(input("Zweite Zahl: "))
x3 = float(input("Dritte Zahl: "))
x4 = float(input("Vierte Zahl: "))

m = (x1 + x2 + x3 + x4) / 4.0

print("Mittelwert ist " + str(m))
```

m) Lösung zur Aufgabe 19:

```python
msg = "Hallo DU, hast du Hunger?"
print(msg)
```

n) Lösung zur Aufgabe 20:

```python
person ="Tim"
print(f"Hallo {person}, wo bist Du eigentlich?")
```

o) Lösung zur Aufgabe 21:

```python
person ="tim arty"
print(f"Hallo {person}")
print(f"Hallo {person.title()}")
print(f"Hallo {person.upper()}")
print(f"Hallo {person.lower()}")
```

p) Lösung zur Aufgabe 22:

```python
print("Vorname Name: \"Zitat\"")
```

q) Lösung zur Aufgabe 23:

```python
name = "\tTim Arty\n"

print("orginal:")
print(name)

print("\nmit lstrip():")
print(name.lstrip())

print("\nmit rstrip():")
print(name.rstrip())

print("\nmit strip():")
print(name.strip())
```

r) Lösung zur Aufgabe 24:

```python
liebzahl = 42
text = "Meine Lieblingszahl ist " + str(liebzahl)

print(text)
```

11.2 Zeichenketten

a) Lösung zur Aufgabe 1:

```
1  print("Hallo, wie ....")
```

b) Lösung zur Aufgabe 2:

```
1  msg = "Hallo DU, hast du Hunger?"
2  print(msg)
```

c) Lösung zur Aufgabe 3:

```
1  person ="Tim"
2  print(f"Hallo {person}, wo bist Du eigentlich?")
```

d) Lösung zur Aufgabe 4:

```
1  person ="tim arty"
2  print(f"Hallo {person}")
3  print(f"Hallo {person.title()}")
4  print(f"Hallo {person.upper()}")
5  print(f"Hallo {person.lower()}")
```

e) Lösung zur Aufgabe 5:

```
1  print("Vorname Name: \"Zitat\"")
```

f) Lösung zur Aufgabe 6:

```
1  name = "\tTim Arty\n"
2
3  print("orginal:")
4  print(name)
5
6  print("\nmit lstrip():")
7  print(name.lstrip())
8
9  print("\nmit rstrip():")
10  print(name.rstrip())
11
12  print("\nmit strip():")
13  print(name.strip())
```

g) Lösung zur Aufgabe 7:

```
1  liebzahl = 42
2  text = "Meine Lieblingszahl ist " + str(liebzahl)
3
4  print(text)
```

h) Lösung zur Aufgabe 8:

```python
print("Netto-Brutto-Rechner")
netto = float(input("Preis ohne Steuer eingeben:"))
brutto = netto * 1.16
print("Der Nettopreis betraegt: ", brutto)
```

i) Lösung zur Aufgabe 9:

```python
preis = float(input ("regulaerer Preis: "))
rabatt = float(input ("Prozent Rabatt: "))

restpreis = preis - (preis * rabatt / 100)

print("Rabattpreis betraegt: " + str(restpreis) )
```

j) Lösung zur Aufgabe 10:

```python
name = input("Wie heisst du?   ")
print("Hallo " + name + "! What's up?")
```

k) Lösung zur Aufgabe 11:

```python
print("Gib die Masse des Quaders an!")
laenge = float(input ("Laenge: "))
breite = float(input ("Breite: "))
hoehe = float(input ("Hoehe: "))

volumen = laenge * breite * hoehe
oberflaeche = 2*laenge*breite + 2*laenge*hoehe + 2*breite*hoehe
diagonale = (laenge*laenge + breite*breite + hoehe*hoehe)**(0.5)

print("Volumen: "+ str(volumen))
print("Oberflaeche: " + str(oberflaeche))
print("Raumdiagonale: " + str(diagonale))
```

l) Lösung zur Aufgabe 12:

```python
x1 = float(input("Erste Zahl: "))
x2 = float(input("Zweite Zahl: "))
x3 = float(input("Dritte Zahl: "))
x4 = float(input("Vierte Zahl: "))

m = (x1 + x2 + x3 + x4) / 4.0

print("Mittelwert ist " + str(m))
```

11.3 Mathematische Funktionen

a) Lösung zur Aufgabe 1:

```python
pi=22/7
grad = float(input("Eingabe Grad: "))
bogenmass = grad*(pi/180)
print(radian)
```

b) Lösung zur Aufgabe 2:

```python
pi=22/7
bogenmass = float(input("Eingabe Bogenmass: "))
grad = bogenmass*(180/pi)
print(degree)
```

c) Lösung zur Aufgabe 3:

```python
hoehe = float(input("Hoehe h: "))
seite1 = float(input('Seite a: '))
seite2 = float(input('Seite b: '))
flaeche = ((seite1 + seite2) / 2) * hoehe
print("Flaeche ist: ", flaeche)
```

d) Lösung zur Aufgabe 4:

```python
pi=22/7
radius = float(input('Radius: '))
flaeche = 4 * pi * radius **2
volumen = (4/3) * (pi * radius ** 3)

print("Oberflaeche: ", flaeche)
print("Volumen: ", volumen)
```

e) Lösung zur Aufgabe 5:

```python
cz = complex(2, 3)

print("Komplexe Zahl: ", cz)
print("Real Anteil: ", cz.real)
print("Imaginaer Anteil: ", cz.imag)
```

f) Lösung zur Aufgabe 6:

```python
daten = [.45, 2.69, 2.45, 3.45, 2.00, 0.04, 7.25]

print("Maximum: ", max(daten))
print("Minimum: ", min(daten))
print("Sum: ", sum(daten))
```

g) Lösung zur Aufgabe 7:

```
1  import random
2
3  print(random.randrange(100))
```

h) Lösung zur Aufgabe 8:

```
1  import random
2
3  print(random.choice('aus diesem String'))
```

i) Lösung zur Aufgabe 9:

```
1  import random
2
3  zahlen = [1, 2, 3, 4, 5, 6, 7]
4  random.shuffle(zahlen)
5  print(zahlen)
```

j) Lösung zur Aufgabe 10:

```
1  import random
2
3  farbe = ['rot', 'gruen', 'schwarz', 'lila']
4  print(random.choice(farbe))
```

11.4 Strukturierte Daten

11.4.1 Listen 1

a) Lösung zur Aufgabe 1:

```python
names = ['ron', 'tyler', 'dani']

print(names[0])
print(names[1])
print(names[2])
```

b) Lösung zur Aufgabe 2:

```python
names = ['ron', 'tyler', 'dani']

msg = "Hallo " + names[0].title()
print(msg)

msg = "Hallo " + names[1].title()
print(msg)

msg = "Hallo " + names[2].title()
print(msg)
```

c) Lösung zur Aufgabe 3:

```python
autos = ['mercedes', 'bmw', 'ferrari']

msg = "Ich fahre gerne " + autos[0].title()
print(msg)

msg = "Ich fahre gerne " + autos[1].upper()
print(msg)

msg = "Ich fahre gerne " + autos[2].title()
print(msg)
```

d) Lösung zur Aufgabe 4:

```python
gaeste = ['hans peter', 'jack turner', 'prince']

name = gaeste[0].title()
print(name + ", Sie sind eingeladen.")

name = gaeste[1].title()
print(name + ", Sie sind eingeladen.")

name = gaeste[2].title()
print(name + ", Sie sind eingeladen.")
```

e) Lösung zur Aufgabe 5:

```python
name = gaeste[1].title()
print("\nSorry, " + name + " kann nicht kommen.")

del(gaeste[1])
guests.insert(1, 'roy sneider')

name = gaeste[0].title()
print("\n" + name + ",  Sie sind eingeladen.")

name = gaeste[1].title()
print(name + ",  Sie sind eingeladen.")

name = gaeste[2].title()
print(name + ",  Sie sind eingeladen.")
```

f) Lösung zur Aufgabe 6:

```python
print("\ngroesserer Tisch!")
gaeste.insert(0, 'frida kahlo')
gaeste.insert(2, 'reinhold messner')
gaeste.append('elizabeth peratrovich')

name = gaeste[0].title()
print(name + ", Sie sind eingeladen.")

name = gaeste[1].title()
print(name + ", Sie sind eingeladen.")

name = gaeste[2].title()
print(name + ", Sie sind eingeladen.")

name = gaeste[3].title()
print(name + ", Sie sind eingeladen.")

name = gaeste[4].title()
print(name + ", Sie sind eingeladen.")

name = gaeste[5].title()
print(name + ", Sie sind eingeladen.")
```

g) Lösung zur Aufgabe 7:

```python
print("\nSorry, wir koennen nur 2 einladen.")

name = gaeste.pop()
print("Sorry, " + name.title() + " kein Platz.")
name = gaeste.pop()
print("Sorry, " + name.title() + " kein Platz.")
name = gaeste.pop()
print("Sorry, " + name.title() + " kein Platz.")
name = gaeste.pop()
print("Sorry, " + name.title() + " kein Platz.")

name = gaeste[0].title()
print(name + ", ab zum Essen.")
name = gaeste[1].title()
print(name + ", ab zum Essen.")

del(gaeste[0])
del(gaeste[0])

print(gaeste)
```

h) Lösung zur Aufgabe 8:

```python
locations = ['himalaya', 'andes', 'tierra del fuego',\
             'labrador', 'guam']

print(locations)
print(sorted(locations))
print(locations)
print(sorted(locations, reverse=True))
print(locations)

locations.reverse()
print(locations)

locations.reverse()
print(locations)

locations.sort()
print(locations)

locations.sort(reverse=True)
print(locations)
```

11.4.2 Listen 2

a) Lösung zur Aufgabe 1:

```python
pizzen = ['pepperoni', 'hawaiian', 'veggie']

for pizza in pizzen:
    print(pizza)
```

b) Lösung zur Aufgabe 2:

```python
numbers = list(range(1, 21))

for number in numbers:
    print(number)
```

c) Lösung zur Aufgabe 3:

```python
numbers = list(range(1, 1000001))

print(min(numbers))
print(max(numbers))
print(sum(numbers))
```

d) Lösung zur Aufgabe 4:

```python
zahlen = list(range(1, 21, 2))

for i in zahlen:
    print(i)
```

e) Lösung zur Aufgabe 5:

```python
threes = list(range(3, 31, 3))

for number in threes:
    print(number)
```

f) Lösung zur Aufgabe 6:

```python
cubes = []
for number in range(1, 11):
    cube = number**3
    cubes.append(cube)

for cube in cubes:
    print(cube)
```

g) Lösung zur Aufgabe 7:

```python
cubes = [number**3 for number in range(1,11)]

for cube in cubes:
    print(cube)
```

h) Lösung zur Aufgabe 8:

```python
favorite_pizzas = ['pepperoni', 'hawaiian', 'veggie']
friend_pizzas = favorite_pizzas[:]

favorite_pizzas.append("4maggio")
friend_pizzas.append('pesto')

print("Meine Lieblingspizzen sind:")
for pizza in favorite_pizzas:
    print("- " + pizza)

print("\nLieblingspizzen meines Kumpels sind:")
for pizza in friend_pizzas:
    print("- " + pizza)
```

i) Lösung zur Aufgabe 9:

```python
menu_items = (
    'club sandwich', 'chicken nuggets', 'burger one',
    'fischplatte', 'grillteller',
    )

for item in menu_items:
    print("- " + item)

menu_items = (
    'club sandwich', 'chicken kebab', 'salat klein',
    'fischplatte', 'grillteller',
    )

print("\nMenue hat sich geaendert.")
for item in menu_items:
    print("- " + item)
```

11.4.3 Dictionary

a) Lösung zur Aufgabe 6:

```python
staedte = {
    "New York": ["Tokyo", "Paris", "London"],
    "Poznan": ["London", "Berlin"],
    "London": ["New York", "Poznan"],
    "Berlin": ["Tokyo", "Poznan"],
    "Tokyo": ["New York", "Berlin"],
    "Paris": ["Katmandu"]
    }
standort = "Paris"

print ("\nDeine Aufgabe: fliege nach Katmandu\n")

while standort not in staedte or standort == 'Berlin':
    print(f"Du bist in {standort}")

print("Es gibt Fluege nach ", staedte[standort])
standort = input("Wohin moechtest du fliegen?")
print("Du hast dein Ziel erreicht")
```

b) Lösung zur Aufgabe 7:

```python
person = {'vorname': 'hans',
    'nachname': 'peter',
    'alter': 53,
    'stadt': 'rosenheim',
    }
print(person['vorname'])
print(person['nachname'])
print(person['alter'])
print(person['stadt'])
```

c) Lösung zur Aufgabe 8:

```python
favorite_numbers = {'mandy': 42,'micah': 23,
    'gus': 7,'hank': 1000000,'maggie': 0, }

num = favorite_numbers['mandy']
print("Mandy's Lieblingszahl ist " + str(num))

num = favorite_numbers['micah']
print("Micah's Lieblingszahl ist " + str(num))

num = favorite_numbers['gus']
print("Gus's Lieblingszahl ist " + str(num))

num = favorite_numbers['hank']
print("Hank's Lieblingszahl ist " + str(num))

num = favorite_numbers['maggie']
print("Maggie's Lieblingszahl ist " + str(num))
```

d) Lösung zur Aufgabe 9:

```python
glossary = {
    'string': 'characters',
    'comment': 'note',
    'list': 'sammlung',
    'loop': 'schleife',
    'dictionary': "woerterbuch",
    }
word = 'string'
print("\n" + word.title() + ": " + glossary[word])

word = 'comment'
print("\n" + word.title() + ": " + glossary[word])

word = 'list'
print("\n" + word.title() + ": " + glossary[word])

word = 'loop'
print("\n" + word.title() + ": " + glossary[word])

word = 'dictionary'
print("\n" + word.title() + ": " + glossary[word])
```

e) Lösung zur Aufgabe 10:

```python
glossary = {'string': 'characters',
    'comment': 'note',
    'list': 'sammlung',
    'loop': 'schleife',
    'dictionary': "woerterbuch",
    }
for word, definition in glossary.items():
    print("\n" + word.title() + ": " + definition)
```

f) Lösung zur Aufgabe 11:

```python
rivers = {
    'nile': 'egypt',
    'mississippi': 'united states',
    'fraser': 'canada',
    'rhein': 'germany',
    'yangtze': 'china',
    }

for river, country in rivers.items():
    print(river.title() + " fliesst durch " + country.title())

print("\nFluesse:")
for river in rivers.keys():
    print("- " + river.title())

print("\nLaender:")
for country in rivers.values():
    print("- " + country.title())
```

g) Lösung zur Aufgabe 12:

```python
people = []

person = {
    'vorname': 'hans',
    'nachname': 'peter',
    'alter': 53,
    'stadt': 'rosenheim',
    }
people.append(person)

person = {
    'vorname': 'willma',
    'nachname': 'netsein',
    'alter': 65,
    'stadt': 'sitka',
    }
people.append(person)

person = {
    'vorname': 'willie',
    'nachname': 'matthes',
    'alter': 48,
    'stadt': 'sitka',
    }
people.append(person)

for person in people:
    name = person['vorname'].title() + " " \
            + person['nachname'].title()
    age = str(person['alter'])
    city = person['stadt'].title()

    print(name + " aus " + city + " ist " + age + " Jare alt.")
```

h) Lösung zur Aufgabe 13:

```python
pets = []
pet = {
    'animal type': 'python',
    'name': 'john',
    'owner': 'guido',
    'weight': 43,
    'eats': 'bugs',
}
pets.append(pet)

pet = {
    'animal type': 'chicken',
    'name': 'clarence',
    'owner': 'tiffany',
    'weight': 2,
    'eats': 'seeds',
}
```

```python
18 pets.append(pet)
19
20 pet = {
21     'animal type': 'dog',
22     'name': 'peso',
23     'owner': 'eric',
24     'weight': 37,
25     'eats': 'shoes',
26 }
27 pets.append(pet)
28
29 for pet in pets:
30     print("\nInfo ueber " + pet['name'].title() + ":")
31     for key, value in pet.items():
32         print("\t" + key + ": " + str(value))
```

i) Lösung zur Aufgabe 14:

```python
1 favorite_places = {
2     'hans': ['bayr. wald', 'mittelmeer', 'berge a'],
3     'fritz': ['insel', 'ostsee'],
4     'jim': ['antarktis', 'den mond', 'nrw']
5     }
6
7 for name, places in favorite_places.items():
8     print("\n" + name.title() + " mag folgene Plaetze:")
9     for place in places:
10        print("- " + place.title())
```

j) Lösung zur Aufgabe 15:

```python
1 favorite_numbers = {
2     'mandy': [42,17],
3     'micah': [42,39,23],
4     'gus': [7,12], }
5
6 for name, numbers in favorite_numbers.items():
7     print("\n" + name.title() + "'s Lieblingszahl:")
8     for number in numbers:
9         print("  " + str(number))
```

k) Lösung zur Aufgabe 16:

```python
cities = {
    'santiago': {
        'country': 'chile',
        'population': 6158080,
        'nearby mountains': 'anden',
        },
    'talkeetna': {
        'country': 'alaska',
        'population': 876,
        'nearby mountains': 'alaska range',
        },
    'kathmandu': {
        'country': 'nepal',
        'population': 1003285,
        'nearby mountains': 'himilaya',
        }
    }

for city, city_info in cities.items():
    country = city_info['country'].title()
    population = city_info['population']
    mountains = city_info['nearby mountains'].title()

    print("\n" + city.title() + " is in " + country + ".")
    print("Bevoelkerung von " + str(population) + ".")
    print( mountains + " ist in der Naehe.")
```

11.5 Verzweigungen und Schleifen

11.5.1 *if*-Verzweigung

a) Lösung zur Aufgabe 2:

```python
import random

spieler = input("[S]chere, S[T]ein oder [P]apier: ")
computer = random.choice("STP")

if spieler == "S" and computer == "P":
    print("Spieler gewinnt")
    print(computer)

elif spieler == "S"  and computer == "T":
    print("Computer gewinnt")
    print(computer)
else:
    print("unentschieden")
    print(computer)
```

b) Lösung zur Aufgabe 3:

```python
import random

spieler = input("[S]chere, S[T]ein oder [P]apier: \n")
computer = random.choice("STP")

if spieler.upper() not in 'STP':
    print('Ungueltige Eingabe. Bitte waehle S,T oder P.')
elif spieler == computer:
    print('Du hast das gleiche wie ich gewaehlt')
elif spieler == 'S':
    print('Du hast "Schere" gewaehlt')
else:
    print('Du hast etwas anderes als "Schere" gewaehlt')
```

c) Lösung zur Aufgabe 5:

```python
import random

spieler = input("[S]chere, S[T]ein oder [P]apier: ")
computer = random.choice("STP")

spieler_gewinnt = (spieler == "S" and computer == "P") \
                or (spieler == "P" and computer == "T") \
                or (spieler == "T" and computer == "S")

if spieler_gewinnt:
    print('Du hast gewonnen')
```

d) Lösung zur Aufgabe 6:

```python
import random

spieler = input("[S]chere, S[T]ein oder [P]apier: ")
computer = random.choice("STP")

#gewinnt = 'unentschieden'
if spieler == "S":
    if computer == "P":
        gewinnt = "Spieler"
    elif computer == "T":
        gewinnt = "Computer"
    else:
        gewinnt= 'unentschieden'

elif spieler == "P":
    if computer == "T":
        gewinnt = "Spieler"
    elif computer == "S":
        gewinnt = "Computer"
    else:
        gewinnt= 'unentschieden'
else:
    if computer == "S":
        gewinnt = "Spieler"
    elif computer == "P":
        gewinnt = "Computer"
    else:
        gewinnt= 'unentschieden'


print("Der Gewinner ist:", gewinnt)
```

11.5.2 *while*-Schleifen

a) Lösung zur Aufgabe 1:

```
1  a = 5
2  while a != 0:
3      a = a - 1
4      print(a)
```

```
1  a = 2
2  while abs(a) < 7 :
3      a = -a * 2
4      print(a)
```

```
1  a = 2
2  while a < 19:
3      a += 4
4      print(a)
```

```
1  a = 7
2  while a >= 0:
3      a -= 2
4      print(a)
```

b) Lösung zur Aufgabe 2: Lösung liegt bei Umsetzung vor.

c) Lösung zur Aufgabe 3:

```
1   daten = [5, 7, 33, 12, 4, 3, 18]
2
3   gefunden = False
4   n = 0
5
6   while n < len(daten):
7       if daten[n-1] == 33:
8           gefunden = True
9       n += 1
10      # print(daten[n-1])
11
12  print("Der Wert 33 wurde gefunden: {}".format(gefunden))
```

d) Lösung zur Aufgabe 4:

```
1  daten = [4, 7, 11, 1, 3,  15]
2  j = 0
3
4  for n in daten:
5      if n > 10:
6          j += 1
7      n += 1
8
9  print("Anzahl groesser 10: ",j)
```

11.5.3 *for*-Schleifen

a) Lösung zur Aufgabe 5:

```python
x = 0
for i in range(14):
    if i % 2 == 1:
        #print(i)
        x = i + x
        print(x)
```

b) Lösung zur Aufgabe 7:

```python
daten = [5, 7, 33, 12, 4, 3, 18]

gefunden = False
n = 0

while n < len(daten):
    if daten[n-1] == 33:
        gefunden = True
    n += 1
    # print(daten[n-1])

print("Der Wert 33 wurde gefunden: {}".format(gefunden))
```

c) Lösung zur Aufgabe 8:

```python
daten = [4, 7, 11, 1, 3,   15]

i, j = 0,0
while i < len(daten):
    if daten[i] > 10:
        j += 1
    i += 1

print("Anzahl groesser 10: ",j)
```

11.5.4 Mischaufgaben

a) Lösung zur Aufgabe 1:

```python
geschlecht = str(input("Eingabe: "))

if geschlecht == 'm':
    print('Guten Tag, Herr xx')
elif geschlecht == 'w':
    print('Guten Tag, Frau xx')
else:
    print('Guten Tag')
```

b) Lösung zur Aufgabe 2:

```python
geschlecht = str(input("Eingabe: "))
std = int(input("Uhrzeit: "))

if geschlecht == 'm':
    if std < 12:
        print('Guten Morgen, Herr xx')
    else:
        print('Guten Tag, Herr xx')
else:
    if std < 12:
        print('Guten Morgen, Frau xx')
    else:
        print('Guten Tag, Frau xx')
```

c) Lösung zur Aufgabe 3:

```python
zahl1 = int(input("Zahl 1: "))
zahl2 = int(input("Zahl 2: "))

if zahl1 == zahl2:
    print(zahl1, "=", zahl2)
else:
    print(zahl1, "!=", zahl2)
```

d) Lösung zur Aufgabe 4:

```python
zahl1 = int(input("Zahl 1: "))
zahl2 = int(input("Zahl 2: "))

if zahl1 > zahl2:
    print(zahl1, "groesser", zahl2)
else:
    print(zahl1, "kleiner", zahl2)
```

e)   Lösung zur Aufgabe 5:

```python
getraenk = input('Getraenk auswaehlen: ')

if getraenk == 'Milch':
    print(1.25)
elif getraenk == 'A-saft':
    print(1.10)
elif getraenk == 'O-saft':
    print(1.15)
elif getraenk == 'Limo':
    print(1.70)
else:
    print('nicht da')
```

f)   Lösung zur Aufgabe 5 (Option 2):

```python
preise = {'Milch':1.25, 'A-saft':1.10, \
          'O-saft':1.15, 'Limo':1.70}

getraenk = input('Getraenk auswaehlen: ')
print(preise.get(getraenk, 'nicht da'))
```

g)   Lösung zur Aufgabe 6:

```python
eingabe = str(input("Eingabe: "))

while eingabe != 'x':
    eingabe = input('Was willst Du? m fuer mehr,\
                     w fuer weniger, e fuer Ende \n')
    if eingabe == 'm':
        print('machmehr')
    elif eingabe == 'w':
        print('machweniger')
    elif eingabe == 'e':
        print("so, das war's")
    else:
        print('fehlerhafte Eingabe; nur m, w, e sind erlaubt')
```

h)   Lösung zur Aufgabe 7:

```python
summe = 0
zahl = int(input("Eingabe: "))

while zahl != 0:
    summe += zahl
    if summe >= 21:
        print('Summe betraegt: ', summe)
        break
    zahl = int(input("Eingabe: "))

else:
    print('Abbruch: Zahl ist:', summe)
```

i)　Lösung zur Aufgabe 8:

```
ergebnis = 0
nochmal = True

while nochmal:
  zahl1 = int(input("erste Zahl: "))
  zahl2 = int(input("zweite Zahl: "))
  operator = input("Auswahl: (+),(*),(-),(/),(x) Abbrechen: ")

  if operator == "+":
    ergebnis = zahl1 + zahl2
  elif operator == "-":
    ergebnis = zahl1 - zahl2
  elif operator == "/":
    ergebnis = zahl1 / zahl2
  elif operator == "*":
    ergebnis = zahl1 * zahl2
  elif operator == "x":
    nochmal = False
  else:
    print("Die Eingabe war falsch, bitte nochmal !")
  print(ergebnis)
print("'Ende'")
```

j)　Lösung zur Aufgabe 9:

```
tage =["Montag", "Dienstag", "Mittwoch", "Donnerstag", "Freitag"]
for i in tage:
    print(i)
```

k)　Lösung zur Aufgabe 10:

```
temp=[0.0,0.0,0.0,0.0,0.0]
summe = 0

for i in range(0,5):
    temp[i] = float(input(str(i) + "te Temperatur:  "))


for i in range(0,5):
    summe +=temp[i]

mittelwert=summe/5.0
print("Mittlere Temperatur: " + str(mittelwert))
```

l) Lösung zur Aufgabe 11:

```python
temp=[0.0,0.0,0.0,0.0,0.0]
summe = 0

for i in range(0,5):
    temp[i] = float(input(str(i+1)+"te Temperatur:  "))

for i in range(0,5):
    summe += temp[i]

mittelwert = summe/5.0
print("Mittlere Temperatur: " + str(mittelwert))

for i in range(0,5):
    print(str(temp[i]), end="")
    if temp[i] > mittelwert:
        print(" ueber dem Durchschnitt.")
    elif temp[i] < mittelwert:
        print(" unter dem Durchschnitt.")
    else:
        print(" entspricht dem Durchschnitt.")
```

m) Lösung zur Aufgabe 12:

```python
n = int(input("Anzahl der Kandidaten: "))
namen = []
prozent = []
stimmen = []
anzahl = 0

for i in range(0,n):
    name = input("Name des " + str(i+1) + "ten Kandidaten: ")
    namen.append(name)

for i in range(0,n):
    stimme = int(input("Anzahl Stimmen von " + namen[i] + ": "))
    stimmen.append(stimme)

for i in range(0,n):
    anzahl += stimmen[i]

for i in range(0,n):
    prozent.append(stimmen[i]*100.0/anzahl)
    print("Kandidat " + namen[i] + " hat "+\
            str(prozent[i]) + " Prozent der Stimmen.")
```

n) Lösung zur Aufgabe 13:

```python
n = int(input ("Gib die Zahl ein: "))
e = 1
for i in range (1, n+1):
    e = e * i

print(e)
```

o) Lösung zur Aufgabe 14:

```python
a = float(input ("Basis: "))
b = int(input ("Exponenten: "))

if (b < 0):
    print("kein negativer Exponent!")
else:
    e = 1;
    for i in range(1,b+1):
        e = e*a
    print("Ergebnis ist: ", e)
```

p) Lösung zur Aufgabe 15:

```python
n = int(input ("Sterne pro Zeile: "))
m = int(input ("Anzahl Zeilen: "))

for i in range(1, m+1):
    for k in range(1, n+1):
        print("*", end="")
    print("")
```

q) Lösung zur Aufgabe 16:

```python
geschlecht = int(input ("1 fuer weiblich; 2 fuer maennlich: "))
gewicht = float(input("dein Gewicht in kg an: "))
groesse = float(input("deine Groesse in m ein: "))

if geschlecht==1:
    u = 19
    o = 24
else:
    u = 20
    o = 25

BMI = gewicht / (groesse * groesse)

print("BMI betraegt " + str(BMI))

if BMI < u:
    print("Untergewichtig.")
elif BMI > o:
    print("Uebergewicht.")
else:
    print("Normalgewicht.")
```

r) Lösung zur Aufgabe 17:

```python
from random import randint

zahl1 = randint(1,20)
zahl2 = randint(1,20)

print("Additionsaufgabe:")
print(str(zahl1) + " + " + str(zahl2) + " = ")
erg = int(input())

if erg == zahl1 + zahl2:
    print("Richtig")
else:
    print("Leider falsch")
```

s) Lösung zur Aufgabe 18:

```python
preis = float(input ("zu bezahlen?"))
gegeben = float(input ("Wie viel bezahlt?"))

if gegeben < preis:
    print("noch zu bezahlen:")
    print(str(preis - gegeben))
else:
    rueckgeld = gegeben - preis
    print("Rueckgeld: " + str(rueckgeld))
```

11.6 Funktionen

a) Lösung zur Aufgabe 1:

```python
def addieren(zahlen):
    total = 0
    for x in zahlen:
        total += x
    return total

print(addieren((8, 2, 3, 0, 7)))
```

b) Lösung zur Aufgabe 2:

```python
def multiplizieren(zahlen):
    total = 1
    for x in zahlen:
        total *= x
    return total

print(multiplizieren((8, 2, 3, -1, 7)))
```

c) Lösung zur Aufgabe 3:

```python
def umkehren(str1):
    rstr1 = ''
    index = len(str1)
    while index > 0:
        rstr1 += str1[ index - 1 ]
        index = index - 1
    return rstr1

print(umkehren('1234abcd'))
```

d) Lösung zur Aufgabe 4:

```python
def bereich(n):
    if n in range(3,9):
        print( " %s ist im Bereich"%str(n))
    else :
        print("Ist nicht im Bereich")

bereich(5)
```

e) Lösung zur Aufgabe 5:

```python
def einheitlicheListe(liste):
    x = []
    for i in liste:
        if i not in x:
            x.append(i)
    return x

print(einheitlicheListe([1,2,3,3,3,3,4,5]))
```

f) Lösung zur Aufgabe 6:

```python
def maxVonZwei( x, y ):
    if x > y:
        return x
    return y

def maxVonDrei( x, y, z ):
    return maxVonZwei(x, maxVonZwei( y, z ) )

print(maxVonDrei(3, 6, -5))
```

g) Lösung zur Aufgabe 7:

```python
def person(name, age):
    print(name, age)

person("Du", 19)
```

h) Lösung zur Aufgabe 8:

```python
def berechnen(a, b):
    return a+b, a-b

erg = berechnen(40, 10)
print(erg)
```

i) Lösung zur Aufgabe 9:

```python
def zeigeArbeiter(name, gehalt=9000):
    print("Mitarbeiter", name, "verdient:", gehalt)

zeigeArbeiter("Hansi", 19000)
zeigeArbeiter("Hansi")
```

j) Lösung zur Aufgabe 10:

```python
def aussen(a, b):
    def innen(a,b):
        return a+b
    summe = innen(a, b)
    return summe+5

erg = aussen(5, 10)
print(erg)
```

k) Lösung zur Aufgabe 11:

```python
def func1(*args):
    for i in args:
        print(i)

func1(20, 40, 60)
func1(80, 100)
```

l) Lösung zur Aufgabe 12:

```python
def summe_berechnen(daten):
    gesamt = 0
    for anzahl in daten:
        gesamt += anzahl
    return gesamt

anzahlen = [12562, 2178, 342, 129, 384, 208, 164, 82, 41]
summe = summe_berechnen(anzahlen)
print(summe)
```

m) Lösung zur Aufgabe 13:

```python
anzahlen = [12562, 2178, 342, 129, 384, 208, 164, 82, 41]

def durchschnitt(daten):
    gesamt = 0
    for i in daten:
        gesamt += i
        erg = gesamt/len(daten)
    return erg

print(durchschnitt(anzahlen))
```

n) Lösung zur Aufgabe 14:

```python
import math

anzahlen = [12562, 2178, 342, 129, 384, 208, 164, 82, 41]

def durchschnitt(daten):
    gesamt = 0
    for i in daten:
        gesamt += i
        erg = gesamt/len(daten)
    return erg

def abweichen(daten,avg):
    stdsum = 0.0
    for zahl in anzahlen:
        stdsum += (zahl - avg) ** 2
    varianz = stdsum / len(anzahlen)
    stabw = math.sqrt(varianz)
    print("Standardabweichung: {:8.2f}".format(stabw))

avg = durchschnitt(anzahlen)
abweichen(anzahlen,avg)
```

o) Lösung zur Aufgabe 15: Lösung liegt bei Umsetzung vor.

p) Lösung zur Aufgabe 16:

```python
def testPrimzahl(n):
    if (n==1):
        return False
    elif (n==2):
        return True;
    else:
        for x in range(2,n):
            if(n % x==0):
                return False
        return True

zahl = int(input("Zahleingabe: "))
print("ist Primzahl?:", testPrimzahl(zahl))
```

q) Lösung zur Aufgabe 17:

```python
def istGerade(liste):
    enum = []
    for n in liste:
        if n % 2 == 0:
            enum.append(n)
    return enum

print(istGerade([1, 2, 3, 4, 5, 6, 7, 8, 9]))
```

r) Lösung zur Aufgabe 18:

```python
def berechnen():
  liste = list()
  for i in range(1,30):
    liste.append(i**2)
  print(liste)

berechnen()
```

s) Lösung zur Aufgabe 19:

```python
def print():
    print("Hallo Welt")

def print1()
    print("Hallo Welt")

def print1():
    print("Hallo Welt")

def print1():
print("Hallo Welt")
```

t) Lösung zur Aufgabe 20:

```python
def meine_funktion(a,b):
    while b != 0:
        t = a%b
        print("t:", t)
        a = b
        print("a: ", a)
        b = t
        print("b: ", b)
    return a
    print("a: ", a)

print(meine_funktion(16,9))
```

11.7 Funktionen 2

a) Lösung zur Aufgabe 21:

```python
def add_multiply(zahl1, zahl2):
    return zahl1+zahl2, zahl1*zahl2

a = add_multiply(4,10)
print(a)
```

b) Lösung zur Aufgabe 22:

```python
def beechnen(a, b, y):
    def addieren(a, b):
        return a + b
    return addieren(a, b)**y

print(beechnen(2,3,4))
```

c) Lösung zur Aufgabe 23:

```python
def funktion(y):
    def potenz(x):
        return x ** y
    return potenz #gibt Funktion zurueck

squareOf = funktion(2)
print(squareOf(6))
#print(funktion(2)(6))
```

d) Lösung zur Aufgabe 24:

```
1  def a(x, y):
2      print(x, y)
3
4  def b(fun, str):
5      #b hat zwei Argumente: Funktion und String
6      fun('Hallo', str)
7
8  b(a, 'Du')
```

e) Lösung zur Aufgabe 25:

```
1  def outer_fun(name):
2      def inner_fun():
3          # the variable name is available to the inner function
4          return "Hallo "+ name
5      return inner_fun
6
7  greet = outer_fun("Du")
8  print(greet())
```

f) Lösung zur Aufgabe 26:

```
1  def func(*args):
2      for i in args:
3          print(i)
4
5  func(1,2,3,4,6)
6
7  list_of_arg_values = [1, 2, 3]
8  func(*list_of_arg_values)
```

g) Lösung zur Aufgabe 27:

```
1  def func(**kwargs): #konvention
2      # kwargs will be a dictionary containing the
3      #names as keys and the values as values
4      for name, value in kwargs.items():
5          print(name, value)
6
7  func(a=1, b=2, c=3)
8
9  my_dict = {'foo': 1, 'bar': 2}
10 func(**my_dict)
```

h) Lösung zur Aufgabe 28:

```python
a = lambda arg1, arg2: arg1 + arg2
print(a(0,2))

a = (lambda arg1, arg2: arg1 + arg2)(0,2)
print(a(0,2))

a = lambda arg1, arg2: arg1 + arg2
print(a(2+2))

a = lambda arg1, arg2: arg1 + arg2
b = lambda x: a(2, x)
print(b(3,4))
```

i) Lösung zur Aufgabe 29:

```python
def add_function(f,g):
    return f(2) + g(2)

print(add_function(lambda d: 2**d, lambda d: 3**d))
print(add_function(lambda d: 5**d, lambda d: 7**d))
```

11.8 Fehlerbehebung

a) Lösung zur Aufgabe 1:

```python
def easydict(*varargs, **kwargs):
    try:
        d = dict(varargs)
        d.update(kwargs)
        return d
    except Exception as e:
        print("Fehler!", e)

erg = easydict(("a", 2), ((1,2), "spam"), \
        red=[255, 0, 0], blue=[0, 0, 255])

print(erg)
```

b) Lösung zur Aufgabe 2:

```python
try:
    x = input("Eingabe x: ")
    x = int(x)
    y = input("Eingabe y: ")
    y = int(y)

except ValueError:
    print("Sorry, aber kein Integer.")

else:
    sum = x + y
    print("Summe von " + str(x) + " und " +\
            str(y) + " ist " + str(sum) + ".")
```

c) Lösung zur Aufgabe 3:

```python
print("'q' fuer Abbruch.\n")
while True:
    try:
        x = input("\nEingabe x: ")
        if x == 'q':
            break
        x = int(x)

        y = input("Eingabe y: ")
        if y == 'q':
            break

        y = int(y)
    except ValueError:
        print("Sorry, aber kein Integer.")
    else:
        sum = x + y
        print("Summe von " + str(x) + " und " +\
            str(y) + " ist " + str(sum) + ".")
```

d) Lösung zur Aufgabe 4:

```python
dateien = ['bote.txt', 'schiffe.txt']

for datei in dateien:
    print("\nDatei: " + datei)
    try:
        with open(datei) as f:
            inhalt = f.read()
            print(inhalt)
    except FileNotFoundError:
        print("nicht vorhanden")
```

e) Lösung zur Aufgabe 5:

```python
dateien = ['bote.txt', 'schiffe.txt']

for datei in dateien:
    try:
        with open(datei) as f:
            inhalt = f.read()
    except FileNotFoundError:
        pass
    else:
        print("\nDatei: " + datei)
        print(inhalt)
```

11.9 Klassen

a) Lösung zur Aufgabe 1:

```python
class Kreis():
    def __init__(self, r):
        self.radius = r

    def flaeche(self):
        return self.radius**2*3.14

    def umfang(self):
        return 2*self.radius*3.14

neuKreis = Kreis(8)
print(neuKreis.flaeche())
print(neuKreis.umfang())
```

b) Lösung zur Aufgabe 2:

```python
class IOString():
    def __init__(self):
        self.str1 = ""

    def get_String(self):
        self.str1 = input("Eingabe: ")

    def print_String(self):
        print(self.str1.upper())

str1 = IOString()
str1.get_String()
str1.print_String()
```

c) Lösung zur Aufgabe 3:

```python
class Rechteck():
    def __init__(self, l, w):
        self.length = l
        self.width  = w

    def flaeche(self):
        return self.length*self.width

neuRechteck = Rechteck(12, 10)
print(neuRechteck.flaeche())
```

d) Lösung zur Aufgabe 4:

```python
class Umformung:
    def inRoman(self, num):
        val = [1000, 900, 500, 400,
                100, 90, 50, 40,
                10, 9, 5, 4, 1]
        syb = ["M", "CM", "D", "CD",
                "C", "XC", "L", "XL",
                "X", "IX", "V", "IV",
                "I"]
        roman_num = ''
        i = 0
        while  num > 0:
            for _ in range(num // val[i]):
                roman_num += syb[i]
                num -= val[i]
            i += 1
        return roman_num

print(Umformung().inRoman(1))
print(Umformung().inRoman(500))
```

e) Lösung zur Aufgabe 5:

```python
class Umformung:
    def inInt(self, s):
        rom_val = {'I': 1, 'V': 5, 'X': 10,\
                    'L': 50, 'C': 100, \
                    'D': 500, 'M': 1000}
        int_val = 0
        for i in range(len(s)):
            if i > 0 and rom_val[s[i]] > rom_val[s[i - 1]]:
                int_val += rom_val[s[i]] - 2*rom_val[s[i - 1]]
            else:
                int_val += rom_val[s[i]]
        return int_val

print(Umformung().inInt('MMMCMLXXXVI'))
print(Umformung().inInt('MMMM'))
print(Umformung().inInt('C'))
```

f) Lösung zur Aufgabe 6:

```python
class Loesung:
    def sub_sets(self, sset):
        return self.subsetsRecur([], sorted(sset))

    def subsetsRecur(self, current, sset):
        if sset:
            return self.subsetsRecur(current, sset[1:])\
                + self.subsetsRecur(current + [sset[0]], sset[1:])
        return [current]

print(Loesung().sub_sets([4,5,6]))
```

g) Lösung zur Aufgabe 7:

```python
class Loesung:
    def pow(self, x, n):
        if x==0 or x==1 or n==1:
            return x

        if x==-1:
            if n%2 ==0:
                return 1
            else:
                return -1
        if n==0:
            return 1
        if n<0:
            return 1/self.pow(x,-n)
        val = self.pow(x,n//2)
        if n%2 ==0:
            return val*val
        return val*val*x

print(Loesung().pow(2, -3));
print(Loesung().pow(3, 5));
print(Loesung().pow(100, 0));
```

11.10 Datei Lesen und Schreiben

a) Lösung zur Aufgabe 1:

```python
txt = open('text.txt')

print(txt.read())
```

b) Lösung zur Aufgabe 2:

```python
neueDatei = open("text.txt","r")

data = neueDatei.readlines()[0:3]
print(data)

neueDatei.close()
```

c) Lösung zur Aufgabe 3:

```python
import random

neueDatei = open("text.txt","r")
erg = neueDatei.read().splitlines()
print(random.choice(erg))
```

d) Lösung zur Aufgabe 4:

```python
neueDatei = open("text.txt","r")

print(neueDatei.closed)
neueDatei.close()
print(neueDatei.closed)
```

e) Lösung zur Aufgabe 5:

```python
file = open("meineDatei.txt", 'w')

s = 'schreibe einen Text'
file.write(s)
file.close()
```

f) Lösung zur Aufgabe 6:

```python
import os

user = os.getlogin()
file1 = "meineDatei.txt"
file2 = "meineDatei2.txt"

os.rename(file1, file2)
```

g) Lösung zur Aufgabe 7:

```python
import os

os.mkdir("myOrdner")
```

h) Lösung zur Aufgabe 8:

```python
datei = open("myfile.txt" , "w")
lines = ["Wort\n" , "Buchstabe\n" , "Satz\n"]
datei.writelines(lines)
datei.close()
```

i) Lösung zur Aufgabe 9:

```python
datei = open("myfile.txt" , "r")

#Zeileninhalt auslesen
linesContent = datei.readlines()
datei.close()

#Inhalt aendern
linesContent[1] = "Inhalt hat sich geaendert!\n"

#Oeffnen
datei = open("myfile.txt" , "w")

#neuen Inhalt einfuegen
datei.writelines(linesContent)
datei.close()
```

j) Lösung zur Aufgabe 10:

```python
datei = open('file.txt' , 'r')

content = datei.read()
datei.close()
#Inhalt in Liste konvertieren
L = content.split()
#Inhalt swappen
swap = L[0]
L[0] = L[2]
L[2] = swap

#Neue Zeile einfuegen
L.insert(1, "die Zeilen haben....")

#offnen zum Schreiben
datei = open('file2.txt' , 'w')

#Inhalt einfuegen
for line in L:
    datei.write(line + '\n')
datei.close()
```

k) Lösung zur Aufgabe 11:

```python
datei = open("personal.txt" , "w")

Name = input("Name: ")
datei.write("Name: " + Name + '\n')

Age = input("Alter: ")
datei.write("Alter: " + Age + '\n')

Email = input("Email: ")
datei.write("Email: " + Email + '\n')

datei.close()
```

Tabellenverzeichnis

1.1   Auflistung der Schlüsselwörter 6
1.2   Arithmetische Operatoren in Python 7
1.3   Funktionen der Zahlensysteme 10
1.4   Shortcut-Operatoren 12
1.5   Arithmetische Operatoren in Python 12
1.6   Verschiebeoperatoren in Python 13
1.7   Beispiele für Verschiebeoperationen 13
1.8   Logische Operatoren in Python 13
1.9   Format-Codes 15
1.10 Dezimalpunkt und Nachkommastellen 15
1.11 Parameter für Formate 16

2.1   Wichtige Steuerzeichen 21
2.2   Zeichenkette mit Indizes für "Programmieren mit Python" 21
2.3   Methoden für Zeichenketten 23

3.1   Numerische Datentypen in Python 29
3.2   Arithmetische Methoden aus *math* 30
3.3   Auswahl an Methoden aus dem Modul *random* 32

4.1   Methoden für Listen 39
4.2   Methoden für Dictionary 50
4.3   Mengenoperation mit Methoden 59

5.1   Arten der *if*-Bedingung 62
5.2   Schleifen-Typen 67
5.3   Verschiedene Kontrollanweisungen 74

7.1   Übersicht häufiger Ausnahmebehandlungen 92

9.1   Übersicht der Modi zu *acces_mode* 112
9.2   Übersicht Modis zu *acces_mode* 112

© Der/die Herausgeber bzw. der/die Autor(en), exklusiv lizenziert an
Springer Fachmedien Wiesbaden GmbH, ein Teil von Springer Nature 2026
Y. Can, *Grundlagen der Python-Programmierung*,
https://doi.org/10.1007/978-3-658-51437-2

9.3   Mögliche Werte für *seek()* 115

Abbildungsverzeichnis

1.1 Aktivitäten des Programmierens 3
1.2 Übersetzungvorgangs eines Interpreters 4
1.3 Übersetzungvorgang eines Compilers 5
1.4 Python-Prompt 6
1.5 Beispielberechnungen 8
1.6 Beispiele für die Anwendung von Variablen 8
1.7 Beispiele für die Ausgabe von Werten 9
1.8 Beispiele für Mehrfachzuweisung 9
1.9 Beispiele für Mehrfachzuweisungen 9
1.10 Beispiele einer komplexen Zahl 10
1.11 Wurzel aus -1 10
1.12 Umrechnungen in andere Zahlensysteme 11
1.13 Beispiele für Shortcut-Operatoren 11
1.14 Beispiele für Vergleichsoperationen 12
1.15 Beispiel einer Bruchrechnung 14

5.1 Einscheidungsstruktur: einfache *if*-Verzweigung 62
5.2 Einscheidungsstruktur: *if-else*-Verzweigung 63
5.3 Einscheidungsstruktur: *if-elif-else*-Bedingung 64
5.4 Syntax: verschachtelte *if*-Anweisungen 66
5.5 Einscheidungsstruktur: Schleifen 67
5.6 Einscheidungsstruktur: *while*-Schleife 68
5.7 Syntax: *while-else*-Schleife 69
5.8 Einscheidungsstruktur: *for*-Schleife 70
5.9 Einscheidungsstruktur: *break*-Schleife 74
5.10 Einscheidungsstruktur: *continue*-Schleife 76

MIX
Papier aus verantwortungsvollen Quellen
Paper from responsible sources
FSC® C105338